Eine neue Methode zur angenäherten Bestimmung der von einem Abnehmer in Anspruch genommenen Werkskilowatt und darauf aufgebaute Tarife

Von der
Königl. Technischen Hochschule zu Breslau
zur Erlangung der Würde eines Doktor-Ingenieurs
genehmigte

DISSERTATION

Vorgelegt von

Dipl.-Ing. Karl Laudien
aus Königsberg i. Pr.

Referent: Professor Dr.-Ing. Euler
Korreferent: Professor Dr.-Ing. Hilpert

Tag der mündlichen Prüfung: 23. Dezember 1917

Springer-Verlag Berlin Heidelberg GmbH 1917

ISBN 978-3-662-32226-0 ISBN 978-3-662-33053-1 (eBook)
DOI 10.1007/978-3-662-33053-1

Erscheint auch als Buch unter dem Titel:

Ein neues Benutzungsstunden-Zählverfahren

Eine neue Methode zur angenäherten Bestimmung der von einem Abnehmer in Anspruch genommenen Werkskilowatt und darauf aufgebaute Tarife

Meiner Frau

Zeichenerklärung.

A = Verbrauch in kWh mit der Watthöhe gleich Anschlußwert.

A' = Prozentualer Anteil von A am Gesamtverbrauch.

Bst = Benutzungsstundenzahl.

Bst-Z-Geschwindigkeit = Benutzungsstundenzählergeschwindigkeit.

F = Feste Kosten f. 1 kW Werksleistung u. 1 Jahr M./kW·Jahr.

F' = Für 1 kW Einstellhöhe des Bst-Z erhobene Gebühr M./kW·Jahr.

F'' = Für 1 kW Werksleistung zu zahlende Gebühr, wenn bereits F' erhoben ist.

J = Stromstärke. (Durchweg ist konstante Spannung und $\cos\varphi = 1$ angenommen; das Wort „Stromstärke" wird demgemäß einfach für die Wattzahl eingesetzt.)

J_0 = Stromstärke bei der Wattzahl X.

$J_1\ J_2\ J_3$ = Stromstärken bei den Wattzahlen $X_1\ X_2\ X_3$.

K = Gesamte Jahreskosten M./Jahr.

L = Laufende Kosten f. d. nutzbar abgegebene kWh M./kWh.

V = Benutzungsstundenzählergeschwindigkeit.

$V_1\ V_2\ V_3$ = Bst-Z-Geschwindigkeiten bei den Wattzahlen $X_1\ X_2\ X_3$ bzw. den Stromstärken $J_1\ J_2\ J_3$.

V_Z = Zeitzählergeschwindigkeit = 1.

W = Anschlußwert in kW.

X = Tariftechnischer Mittelwert der während eines Jahres in Anspruch genommenen kW Werksleistung.

X_1 = Wattzahl bei der Stromstärke J_1 $X_1 < X$.

X_2 = " " " " J_2 $X_2 > X$.

X' = Einstellhöhe des Bst-Z in kW.

X'' = Y/Bst, wenn f. d. Wert X' bereits eine Gebühr erhoben ist.

Y = Zahl der in einem Jahre entnommenen kWh.

$Y_1\ Y_2$ = Zahl der bei den Watthöhen $X_1\ X_2$ entnommenen kWh.

Z = Zeitdauer der Stromentnahme mit der Watthöhe X bzw. der Stromstärke J.

$Z_1\ Z_2\ Z_3$ = Zeitdauer der Stromentnahme mit den Watthöhen $X_1\ X_2\ X_3$.

$a\ b\ c$ = ... Konstante.

$v_1\ v_2\ v_3$ = Geschwindigkeiten des kWh-Zählers bei den Watthöhen $X_1\ X_2\ X_3$.

Einleitung.

Die Unkosten des Werks — Grundlage der Tarifformen.

Bei den zurzeit bestehenden Unterschieden in der Art der Anschlußbenützung seitens der einzelnen Abnehmer und dem mangelhaften Ausgleich der Entnahmeschwankungen im Kraftwerk kann nur dann eine niedrige Preisstellung ohne Gefährdung der Kapitalrente des Werks gewährt werden, wenn die Tarifform weitestgehend der Selbstkostenformel folgt.

Die für die Arbeit gewählte Unkostenformel.

Der nachfolgenden Arbeit ist die Selbstkostenformel in der vereinfachten Form der Gebührentarifformel zugrunde gelegt.

$$K = F \cdot X + L \cdot Y \quad \ldots \ldots \ldots \quad 1$$

Darin bedeutet:

$K =$	Gesamte Jahreskosten	M./Jahr
$F =$	Feste Kosten für 1 kW Werksleistung und 1 Jahr	M./kW.Jahr
$L =$	Laufende Kosten für die nutzbar abgegebene kWh	M./kWh
$Y =$	Zahl der in einem Jahre entnommenen kWh	kWh/Jahr
$X =$	Tariftechnischer Mittelwert der während eines Jahres in Anspruch genommenen kW Werksleistung	kW [1])

[1]) Die nachfolgende Arbeit beschränkt sich auf die Benützung der obigen Selbstkostenformel an Stelle der theoretisch richtigeren Dreitaxentarifformel, da es sich in ihr nur um Verbraucher handeln wird, bei

Bestimmung der für derartige Tarife erforderlichen Daten.

Die Daten für derartige Tarife lassen sich, wie folgt, bestimmen.

F und L können aus den Werksdaten ermittelt werden[1]).
Y läßt sich mittels kWh-Zählers bestimmen.

Für die Bestimmung von X ist die laufende Aufnahme der Konsumentenkurve und deren Auswertung — Ordinate für Ordinate — gegenüber der gleichfalls laufend aufgenommenen Werkskurve erforderlich[2]).

Diese genaue Bestimmung von X kommt für die praktische Tarifbildung nicht in Betracht. Die laufende Aufzeichnung der Konsumentenkurve und die Auswertung derselben gegenüber der Werkskurve sind zu teuer und umständlich. Man muß sich daher mit einer angenäherten, dafür aber einfacheren Bestimmung von X begnügen.

---

denen die Kosten für Messung und Verrechnung nicht ins Gewicht fallen und als Zählermiete erhoben werden können.

Siehe Siegel, Die Preisbewegung elektrischer Arbeit. Duncker & Humblot 1914, Seite 78ff., und Eisenmenger, ETZ 1914, Seite 12ff.

[1]) Bezüglich Verteilung der Gesamtausgaben eines Werks auf die Posten „feste Kosten" und „laufende Kosten" siehe Aghte: Bericht der Kommission IV für Tarife, Mitteilungen der Vereinigung der Elektrizitätswerke, Sonderabdruck, Seite 4.

[2]) Eisenmenger bespricht in ETZ 1916, Seite 660ff. ein Verfahren zur Auswertung der Konsumentenkurve nach der Werkskurve. Er schlägt vor, die Kontrolle auf einen Tag zu beschränken. Damit wird freilich die Schwierigkeit der Auswertung bedeutend verringert, andererseits aber kommt eine große Ungenauigkeit in das ganze Verfahren hinein, da diese Beschränkung auf den einen einzigen Tag nichts anderes bedeutet, als die Festlegung der Jahreskosten nach dem Verlauf während eines ganz kurzen Zeitabschnitts. Da es unausbleiblich ist, daß der Abnehmer erfährt, an welchem Tage kontrolliert wird, und er in gewissem Grade seine Entnahmeart für diesen einen Tag besonders gestalten kann, dürfte das Werk bei dieser Bestimmung von X nicht auf seine Kosten kommen. Alle Abnehmer am gleichen Tage zu kontrollieren, verbietet sich von selbst, weil dabei für jeden Abnehmer ein besonderes Registrierinstrument angeschafft werden müßte, was die Anschaffungskosten für Zählzwecke ganz außerordentlich steigert.

Charakteristisch für die auf einem Meßverfahren aufgebauten Methoden zur angenäherten Bestimmung von X sind diejenige des O. E. W. und diejenige, die das Hallesche Elektrizitätswerk seinem ersten Tarife unterlegte.

Das O. E. W. berechnet die festen Kosten für die während einer Viertelstunde des Jahres benützte mittlere Höchstbelastung. Es mißt mittels Belastungsmessers unmittelbar den Wert X. Dabei erhebt das O. E. W. jedoch den Betrag $F \cdot X$ nicht in einer Summe, als Gebühr. Es verteilt denselben auf den Verbrauch von 500 Stunden mal X, so daß bei einem unter dem Werte 500 Stunden mal X liegenden Jahresverbrauche nur ein Teil der Summe $F \cdot X$ zur Erhebung kommt[1]).

Das städtische Elektrizitätswerk Halle berechnete den Wert X aus der Formel $X =$ in einem Jahre entnommene Kilowattstunden dividiert durch die Anzahl der durch einen Zeitzähler festgestellten Zeitstunden der Stromentnahme.

Es erhob den Betrag $X \cdot F$ in ähnlicher Weise wie das O. E. W. Die Verteilung erfolgte auf den Verbrauch der ersten $300 \cdot X$ Kilowattstunden[2]).

Beiden Meßmethoden liegt die Erfahrungstatsache zugrunde, daß sich kurze hohe Energieentnahmen weit schlechter zu einem gleichmäßigen Arbeiten des Werks vereinigen, als längere Entnahmen mit niedrigen Wattwerten. Nur faßt das O. E. W. meßtechnisch die dem Werke bereitete größte Schwierigkeit, während Halle durch die Messung der Zeitdauer gewissermaßen die dem Werke gemachten Erleichterungen feststellen will.

[1]) Die diesbezüglichen Bestimmungen lauten in § 5 der Bedingungen für die Lieferung von elektrischem Strom: „Der Belastungsmesser zeigt die höchste mittlere Belastung in Kilowatt während einer Viertelstunde des Kalenderjahres an. Diese Belastung mit 500 Stunden multipliziert ergibt diejenige Zahl von Kilowattstunden, die in jedem Kalenderjahr mit je 40 Pfennig zu bezahlen sind. Die übrige Stromentnahme im Kalenderjahre kostet alsdann nur 4 Pfennig die Kilowattstunde."

[2]) Die diesbezüglichen Bestimmungen lauten nach der Veröffentlichung A. Jung, Der Zeitzählertarif, J. Springer 1916, Seite 64: „Für die ersten 300 Stunden der im Mittel gleichzeitig verbrauchten Kilowatt 60 Pf., für die übrigen Verbrauchsstunden 20 Pf. per Kilowattstunde und Rechnungsjahr". Seite 65: „Die Anzahl der im Mittel gleichzeitig verbrauchten Kilowatt ist gleich der durch den Elektrizitätszähler angegebenen Zahl der verbrauchten Kilowattstunden dividiert durch die Anzahl der durch den Zeitzähler angegebenen Stunden."

Hauptteil.

Eine neue Methode zur angenäherten Bestimmung der von einem Abnehmer in Anspruch genommenen Werkskilowatt und darauf aufgebaute Tarife.

I. Die neue Methode zur angenäherten Bestimmung von X und das neue Benutzungsstundenzählverfahren.

Gegenstand der vorliegenden Arbeit ist eine neue Methode zur angenäherten Bestimmung von X. Die neue Methode steht zwischen der des O. E. W. und derjenigen von Halle und soll eine Tarifbildung nach der Selbstkostenformel auch für solche Abnehmer, die bei stark schwankenden Entnahmestromstärken nur einen mittleren Jahresverbrauch aufweisen, ermöglichen. Daß das O. E. W.-System solche Abnehmer zu hart anfaßt, bedarf nicht der weiteren Erklärung. Inwieweit das Hallesche Verfahren versagt, wird später ausführlich gezeigt werden.

Die neue Methode stützt sich auf ein neues Meßverfahren.

Da das neue Meßverfahren eine ungefähre Vorausschätzung von X nach dem Anschlußwerte des Abnehmers und der Zugehörigkeit desselben zu einer bestimmten Konsumentengruppe verlangt, wird die Prüfung der Methode sich zunächst mit den Fällen befassen, in denen es gelungen ist, X richtig vorauszuschätzen und dann die Fehler feststellen, die sich aus einer unrichtigen Vorausschätzung ergeben.

Die neue Methode geht einen ähnlichen Weg wie die Hallesche. Halle bestimmt X aus der Gleichung:

$$X = \frac{\text{entnommene Kilowattstunden}}{\text{durch den Zeitzähler gezählte Stunden}} = \frac{Y}{Z} \text{ kWh/h.}$$

Die neue Methode setzt an die Stelle der Zeitstundenzählung eine Benutzungsstundenzählung, eine Zählung der Zeitstunden mit verschiedenem Maßstabe. Die Verschiedenheit des Maßstabes soll der Verschiedenheit der Bedeutung der einzelnen Stundenzahlen für das Werk nach der Höhe der Entnahmestromstärke Rechnung tragen. Die Bestimmungsgleichung lautet danach:

$$X = \frac{\text{entnommene Kilowattstunden}}{\text{durch den Benutzungsstundenzähler gezählte Benutzungsstd.}}$$

$$X = \frac{Y}{Bst}\,\mathbf{kWh/h} = \frac{Y}{Bst}\,\mathbf{kW} \quad \ldots\ldots \quad 2$$

Die Arbeitsweise des Benutzungsstundenzählers bildet den Angelpunkt der neuen Bestimmungsmethode.

Die Geschwindigkeit des *Bst*-Zählers ist eine nach der Höhe der Entnahmestromstärke abgestufte Zeitzählergeschwindigkeit. Eine Angabe des *Bst*-Zählers von z. B. „i" Benutzungsstunden muß daher nicht unbedingt durch eine Benutzung des Anschlusses während der Zeitdauer von „i" Stunden zustande gekommen sein. Sie wird vielmehr, je nachdem der Abnehmer seinen Bedarf mit den Stromstärken J_1, J_2, J_3 deckte, Zeitdauern von Z_1, Z_2, Z_3 Stunden zur Ursache haben können, sofern die Geschwindigkeiten des *Bst*-Zählers V_1, V_2, V_3 für die Stromstärken J_1, J_2, J_3 so gewählt sind, daß sie den Gleichungen $V_1 \cdot Z_1 = i$, $V_2\, Z_2 = i$, $V_3\, Z_3 = i$ genügen.

A. Die Bedingungen für die Abstufung der *Bst*-Zähler-Geschwindigkeit nach der Höhe der Entnahmestromstärke.

Für die Abstufung der *Bst*-Zähler-Geschwindigkeit V nach der Höhe der Entnahmestromstärke J gibt die Gleichung

$$X = \frac{Y}{Bst}$$

die Bedingung.

Entnimmt ein Abnehmer seinen ganzen Bedarf mit einer Wattzahl, die dem vorausgeschätzten Werte X gleich ist, so ist seine Energieentnahme Y gleich X mal Zeitdauer. Damit geht für diesen Fall die Gleichung $X = \frac{Y}{Bst}$ über in $X = \frac{X \cdot \text{Zeitdauer}}{Bst}$, woraus folgt Bst gleich Zeitdauer $= Z$.

Der Benutzungsstundenzähler muß danach bei der Höhe der Energieentnahme, die der vorausgeschätzten Watthöhe X gleich ist, mit Zeitzählergeschwindigkeit laufen. Wird z. B. angenommen, daß ein Abnehmer auf einen Wert X gleich $^1/_2$ kW kommen wird, so muß der *Bst*-Zähler desselben so eingestellt werden, daß er bei einer Energieentnahme in Höhe von 500 Watt mit Zeitzählergeschwindigkeit läuft.

Die Anzeige des Kilowattstundenzählers „Y" enthält nach der Gleichung $Y = Y_1 + Y_2 \ldots + Y_n$ die bei den verschiedenen Entnahmehöhen $E \cdot J_1$, $E \cdot J_2$, ... $E \cdot J_n$ verbrauchten Kilowattstundenzahlen. Die Kilowattstundenzahl Y_1 ist dabei gleich $E \cdot J_1 \cdot Z_1$, wobei Z_1 die Zeitdauer der Anschlußbenützung mit der Watthöhe $E \cdot J_1$ bedeutet. Die kWh-Zähleranzeige Y_1 ist dabei zustande gekommen durch das Laufen des kWh-Zählers mit der Geschwindigkeit v_1 während der Zeit Z_1, entspricht also dem Produkte $v_1 \cdot Z_1$; v_1 kWh-Zählergeschwindigkeit bei der Watthöhe $E \cdot J_1$.

Damit geht Y über in den Ausdruck

$$Z_1 \cdot v_1 + Z_2 \cdot v_2 \ \ldots + Z_n \cdot v_n .$$

Die Anzeige des *Bst*-Zählers „*Bst*" läßt sich in gleicher Weise auflösen in die einzelnen Benutzungsstundenzahlen, die auf die Entnahmen mit den einzelnen Watthöhen $E \cdot J_1$, $E \cdot J_2$ ... $E \cdot J_n$ entfallen. Setzt man die *Bst*-Zählergeschwindigkeiten V_1, V_2 ... V_n ein, die bei den Watthöhen $E \cdot J_1$, $E \cdot J_2 \ldots E \cdot J_n$ auftreten, so kann man den Nenner des Bruches 2 Seite 5 „*Bst*" schreiben mit

$$Z_1 \cdot V_1 + Z_2 \cdot V_2 \ \ldots + Z_n \cdot V_n .$$

Damit lautet die Gleichung 2 $X = \frac{Y}{Bst}$

$$X = \frac{Z_1 \cdot v_1 + Z_2 \cdot v_2 \ \ldots + Z_n \cdot v_n}{Z_1 \cdot V_1 + Z_2 \cdot V_2 \ \ldots + Z_n \cdot V_n} .$$

Der Wert X soll um so höher werden, je höher die Entnahmewatthöhen des Abnehmers liegen.

Verlegt ein Abnehmer einen Teil seines Gesamtverbrauchs, nämlich die Entnahme $E \cdot J_1 \cdot Z_1$, auf eine Entnahme mit der Watthöhe $E \cdot J_2$, so bleibt der Zähler des Bruches unverändert. Es muß also der Nenner auf diese Verlegung reagieren, soll dieselbe überhaupt zur Geltung kommen. Dabei muß der Nenner bei einer Verlegung auf eine höhere Wattzahl kleiner werden und bei einer Verlegung auf eine kleinere Wattzahl wachsen.

Die Unveränderlichkeit des Zählers bei einer bloßen Verlegung resultiert aus dem Steigen der Werte v proportional der Watthöhe. Entnimmt jemand 100 Stunden mal 3 kW anstatt 300 Stunden mal 1 kW, so gleicht die von 1 auf 3 steigende Kilowattstundenzählergeschwindigkeit den Einfluß der von 3 auf 1 sinkenden Zeitdauer aus.

Bei der Benutzungsstundenzählung soll ein solcher Ausgleich nicht stattfinden. Es soll vielmehr kleinere Wattzahl mal längere Zeitdauer eine höhere Benutzungsstundenzahl ergeben als größere Wattzahl mal kürzere Zeitdauer. Daher muß die Geschwindigkeit des *Bst*-Zählers weniger schnell steigen als die Wattzahl, bzw. weniger schnell steigen als die Geschwindigkeit des kWh-Zählers.

Damit ergibt sich als zweite Bedingung für die Geschwindigkeit des *Bst*-Zählers:

Die Abstufung der *Bst*-Zählergeschwindigkeit muß so gewählt sein, daß mit steigender Wattzahl der Quotient: „kWh Zählergeschwindigkeit durch *Bst*-Zählergeschwindigkeit" steigt.

Den vorstehenden beiden Bedingungen genügt auch das Hallesche Zeitzählerverfahren. Die Zeitzählergeschwindigkeit bleibt unverändert. Wenn trotzdem die Hallesche Methode den Anforderungen, die die Anpassung an die Selbstkostenformel verlangt, nicht gerecht wird, so liegt das an der ungenügenden zahlenmäßigen Abstufung des Quotienten „kWh-Zählergeschwindigkeit durch Zeitzählergeschwindigkeit".

Die späteren Ausführungen werden das erweisen.

B. Die auf Grund der unter A abgeleiteten Bedingungen gewählte zahlenmäßige Abstufung der *Bst*-Zähler-Geschwindigkeit nach der Höhe der Entnahmestromstärke.

Für die *Bst*-Zähler-Geschwindigkeit ist folgende Abstufung gewählt:

Der Quotient „*Bst*-Zählergeschwindigkeit durch Kilowattstundenzählergeschwindigkeit" „V/v" soll mit steigender Watthöhe um gleichmäßig steigende Beträge abnehmen.

Bei der Wattzahl Null stehen kWh-Zähler und Benutzungsstundenzähler still. Der Quotient V/v nehme dabei entsprechend dem Grenzwerte, Null durch Null, die Größe a an ($a =$ eine Konstante). Derselbe nehme für je 1 Watt ab um den Betrag b ($b =$ eine Konstante; Zahl/Watt).

Damit ergibt sich die Gleichung

$$V/v = a - b \cdot E \cdot J; \qquad V = v \cdot (a - b \cdot E \cdot J).$$

Durch Einsetzen von $v = n \cdot E \cdot J$, worin n eine Konstante ist, geht diese Gleichung über in

$$V = n \cdot E \cdot J\,(a - b \cdot E \cdot J).$$

Die Wattzahl, bei der V seinen Höchstwert erreicht, bestimmt sich damit aus der Gleichung

$$\frac{dV}{d(E \cdot J)} = 0 = n \cdot a - 2 \cdot n \cdot b \cdot E \cdot J \quad \text{mit} \quad E \cdot J = \frac{a}{2 \cdot b}.$$

Stellt man die Bedingung auf, daß die Höchstgeschwindigkeit des *Bst*-Zählers gleich der Zeitzählergeschwindigkeit $V_Z = 1$ sein soll und bezeichnet man mit $E \cdot J_0$ die Wattzahl, bei der die Zeitzählergeschwindigkeit erreicht wird, so ergeben sich die beiden Gleichungen

$$E \cdot J_0 = \frac{a}{2 \cdot b} \qquad \text{und} \qquad V_Z = n \cdot E \cdot J_0\,(a - b \cdot E \cdot J_0).$$

Durch Einsetzen von $b = \frac{a}{2 \cdot E \cdot J_0}$ — gewonnen aus der Gleichung $E \cdot J_0 = \frac{a}{2 \cdot b}$ — in die Gleichung $V_Z = n \cdot E \cdot J_0 (a - b \cdot E \cdot J_0)$ geht diese Gleichung über in

$$V_Z = n \cdot E \cdot J_0 \left(a - \frac{a}{2 \cdot E \cdot J_0} \cdot E \cdot J_0\right).$$

Daraus folgt

$$V_Z = n \cdot E \cdot J_0 \cdot a/2 \quad \text{und} \quad n = \frac{2 \cdot V_Z}{a \cdot E \cdot J_0}.$$

Durch Einsetzen dieses Wertes für n und des Wertes $b = \frac{a}{2 \cdot E \cdot J_0}$ in die allgemeine Gleichung

$$V = n \cdot E \cdot J\,(a - b \cdot E \cdot J)$$

geht diese Gleichung über in

$$V = \frac{2 \cdot V_Z}{a \cdot E \cdot J_0} E \cdot J \left(a - \frac{a}{2 \cdot E \cdot J_0} E \cdot J\right) = \frac{2 \cdot V_Z}{J_0} \left(1 - \frac{J}{2 \cdot J_0}\right)$$

$$\boldsymbol{V} = \boldsymbol{V_Z} \cdot \frac{\boldsymbol{J}}{\boldsymbol{J_0}} \left(2 - \frac{\boldsymbol{J}}{\boldsymbol{J_0}}\right) \quad (\text{für } V_z = 1) \quad \boldsymbol{V} = \frac{\boldsymbol{J}}{\boldsymbol{J_0}} \left(2 - \frac{\boldsymbol{J}}{\boldsymbol{J_0}}\right) \qquad 3.$$

Fig. 1 zeigt den Verlauf der *Bst*-Zählergeschwindigkeit[1].

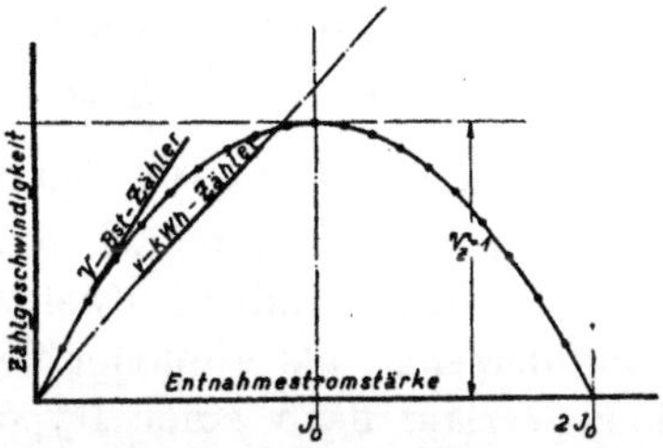

Fig. 1. Verlauf der Zählgeschwindigkeit des *Bst*-Zählers und des *kWh*-Zählers.
Ordinate: Zählgeschwindigkeit. Abszisse: Entnahmestromstärke.
(Der *Bst*-Zähler ist so eingestellt, daß er bei der Stromstärke J_0 mit Zeitzählergeschwindigkeit $V_Z = 1$ läuft.)

C. Vergleich der Angaben eines Benutzungsstundenzählers nach der gewählten Abstufungsart mit denen eines Zeitzählers.

Daß das Hallesche Verfahren den Ansprüchen, die die Anpassung des Tarifs an die Selbstkostenformel stellt, nicht entspricht, und daß es wesentlich vom neuen Benutzungs-

[1]) Für die Stromstärken J gleich 0,2 — 0,4 — 0,6 — 0,8 — 1 — 1,2 — 1,4 — 1,6 — 1,8 — $2 \cdot J_0$ ergeben sich unter Einsetzung von $V_Z = 1$ die *Bst*-Zählergeschwindigkeiten von 0,36 — 0,64 — 0,84 — 0,96 — 1 — 0,96 — 0,84 — 0,64 — 0,36 — 0.

stundenzählverfahren verschieden ist, zeigt der nachstehende Vergleich.

Der Verbrauch von 1 kWh gibt beim Zeitzählertarif je nach der Höhe der Wattzahl, mit der die Energieentnahme erfolgt, die Zeitstunden

$$Z = \frac{1000}{E \cdot J} \cdot \frac{\text{Wattstunden}}{\text{Watt}} = \frac{1000}{E \cdot J} \text{ Stunden,}$$

da $E \cdot J \cdot Z = 1000$ mal Wattstunden sind.

Für das neue Verfahren berechnet sich die *Bst* aus Zeitdauer mal *Bst*-Zählergeschwindigkeit.

$$Bst = V \cdot Z = V \cdot 1000/E \cdot J.$$

Durch Einsetzen von $V = V_Z \cdot J/J_0\,(2 - J/J_0)$ und $V_Z = 1 =$ Zeitzählergeschwindigkeit geht die Gleichung $Bst = V \cdot Z$ über in

$$\boldsymbol{Bst} = \frac{J}{J_0}\left(2 - \frac{J}{J_0}\right)\frac{1000}{E \cdot J} = \frac{\mathbf{1000}}{\boldsymbol{E \cdot J_0}}\left(2 - \frac{\boldsymbol{J}}{\boldsymbol{J_0}}\right) \quad . \quad . \quad 4$$

Die für den Verbrauch von 1 kWh mit verschieden hohen konstanten Wattzahlen bzw. Stromstärken J gezählten Zeitstundenzahlen nehmen mit sinkender Entnahmewatthöhe schnell zu. Die Auftragung derselben als Funktion der Entnahmestromstärke ergibt einen Verlauf nach einer Hyperbel. Die gleichartige Auftragung der gezählten *Bst*-Zahlen ergibt einen geradlinigen Verlauf. (Fig. 2.)

Durch Entnahme einer kWh mit verschwindend kleiner Wattzahl kann ein Abnehmer bei Zeitzählung jede beliebig hohe Zeitstundenzahl erzielen. Die Benutzungsstundenzahl, die er gezählt bekommt, ist endlich begrenzt. So würde er bei einem Verbrauch mit $^1/_{20}$ kW für 1 kWh 20 Zeitstunden gezählt erhalten. Bei der *Bst*-Zählung würde ihm der gleiche Verbrauch, bei einer Einstellung des *Bst*-Zählers für eine Vorausschätzung $X = 1$ kW, nur $\frac{1}{1} \cdot \left(2 - \frac{^1/_{20}}{1}\right) = 1{,}95$ *Bst* eintragen.

Dieses Anwachsen der Zeitstundenzahl für ganz niedrige Wattzahlen hat das Hallesche Werk gezwungen, die Zeitzählung auf denjenigen Teil des Verbrauchs zu beschränken, bei dem mindestens ein bestimmter Teil des Anschlußwertes eingeschaltet ist und alle darunter liegenden Entnahmen unberücksichtigt zu lassen[1]).

Demgemäß werden beim Halleschen Verfahren gerade die ganz niedrigen Stromentnahmen, die dem Werke besonders angenehm sind, unberücksichtigt gelassen. Ein Abnehmer, der bei einer Auslösestromstärke von z. B. 1 Ampere seine Energieentnahme um 1000 Stunden mal 0,75 Ampere erhöht, erhält zwar einen um 750 Amperestunden höheren Zähler im Bruche Y/Z gezählt. Der Nenner des Bruches bleibt jedoch unverändert. Hätte er den gleichen Bedarf mit 500 Stunden mal 1,5 Ampere entnommen, der Nenner wäre um 500 Zeitstunden gewachsen. Die Verlegung des Bedarfs von 0,75 auf 1,5 Ampere hat also das gerade Gegenteil von dem zur Folge, was richtig ist.

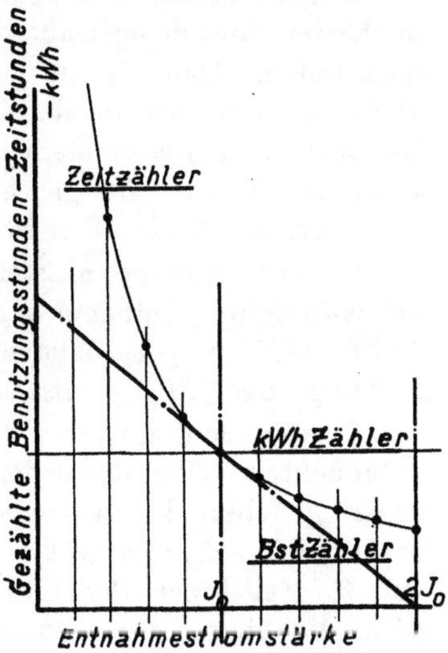

Fig. 2. Für die Entnahme von 1 kWh mit verschiedenen konstanten Stromstärken gezählte Benutzungsstundenzahlen und Zeitstundenzahlen.
Ordinate: gezählte Bst. — Zeitstunden — kWh.
Abszisse: Entnahmestromstärke.
(J_0 entspricht der Watthöhe von 1 kW.)

Angenommen, der *Bst*-Zähler sei so eingestellt, daß er bei 2,5 Ampere Zeitzählergeschwindigkeit erreicht, so werden dem Abnehmer für die 1000 Stunden mal 0,75 Ampere

$$1000 \cdot \frac{0{,}75}{2{,}5}\left(2 - \frac{0{,}75}{2{,}5}\right) = 510$$

Bst gezählt und für die 500 Std. mal 1,5 Ampere

$$500 \cdot \frac{1{,}5}{2{,}5}\left(2 - \frac{1{,}5}{2{,}5}\right) = 420 \; Bst.$$

Es ergibt die Verlegung des Verbrauchs von 0,75 Ampere auf 1,5 Ampere ein Sinken der *Bst*-Zahl um 510 — 420 = 90 *Bst*.

[1]) Nach Jung, Der Zeitzählertarif, ist die Auslösestromstärke für den Zeitzähler auf 8,5 bis 40,3% des Anschlußwertes festgesetzt (Seite 93). Die ursprünglich gleichmäßig angesetzte Auslösestromstärke auf 40%

D. Prüfung der neuen Methode.

1. Prüfung der neuen Methode unter der Annahme, daß es gelungen ist, den Wert X genau vorauszuschätzen.

Angenommen, es sei gelungen. den Wert X genau vorauszuschätzen und demgemäß den Benutzungsstundenzähler richtig einzustellen. Dann ist in dem einen besonderen Falle, daß der Abnehmer mit gleichbleibender Wattzahl arbeitet, der Zähler Y des Bruches Y/Bst entstanden aus Zeitdauer mal X $Z \cdot X = Y$, wobei der Nenner Bst gleich der Zeitdauer der Entnahme mit der Wattzahl X $Bst = Z$ ist.

In den weitaus meisten Fällen wird der Zählerwert Y aus zahlreichen Entnahmen mit verschieden hohen Wattzahlen $Y = Y_1 + Y_2 \ldots + Y_n$ entstanden sein und der Nenner wird in der Form $Bst = Bst_1 + Bst_2 \ldots + Bst_n$ zustande gekommen sein.

Darin bedeuten $Y_1, Y_2 \ldots Y_n$ die bei den Wattzahlen $X_1, X_2 \ldots X_n$ verbrauchten Kilowattstundenzahlen und Bst_1, $Bst_2 \ldots Bst_n$ die bei den gleichen Wattzahlen gezählten Benutzungsstundenzahlen. Da $Bst = V_1 \cdot Z_1$, V_1 Bst-Z-Geschwindigkeit bei der Wattzahl X_1 und Z_1 Zeitdauer der Entnahme mit der Wattzahl X_1 ist, gehen die obigen Gleichungen über in

$$Y = X_1 \cdot Z_1 + X_2 \cdot Z_2 \ldots X_n \cdot Z_n,$$

$$Bst = V_1 \cdot Z_1 + V_2 \cdot Z_2 \ldots V_n \cdot Z_n.$$

Es fragt sich, welche Beziehungen zwischen den einzelnen Werten X_1, $X_2 \ldots X_n$ und Z_1, $Z_2 \ldots Z_n$ bestehen müssen, soll die Vorausschätzung von X richtig sein.

Die beiden Gleichungen lassen sich durch Herausschaffen von Z vereinigen zu

$$X_1 \cdot Z_1 + X_2 \cdot Z_2 \ldots + X_n \cdot Z_n = X \cdot (V_1 \cdot Z_1 + V_2 \cdot Z_2 \ldots + V_n \cdot Z_n).$$

Da die Auflösung der Gleichung bei mehr als 2 Werten von X unübersichtliche Resultate ergibt, ist die Prüfung beschränkt auf den einfachen Fall von nur 2 Entnahmen, einer mit

---

wurde schnell verlassen. Die vorstehende Verschiedenheit (8,5 bis 40,3 %) ist begründet in der Bestimmung, daß die Auslösestromstärke auf die Hälfte des im täglichen Gebrauch regelmäßig wiederkehrenden Höchstbedarfes eingestellt werden soll.

der Watthöhe X_2, $X_2 > X$ und einer mit X_1, $X_1 < X$. Die Bestimmungsgleichung lautet dafür

$$X_1 \cdot Z_1 + X_2 \cdot Z_2 = X \cdot (V_1 \cdot Z_1 + V_2 \cdot Z_2) \quad . \; . \; . \; 5$$

Den Wert der Feststellung der Abhängigkeit der beiden Zeitdauern Z_1 und Z_2 voneinander kennzeichnet die nachfolgende Betrachtung.

Die über die mittlere Wattzahl, für die der Abnehmer die festen Kosten tragen muß, hinausgehende Entnahme $(X_2 - X) \cdot Z_2$ vermag das Werk zu decken, wenn zur gleichen Zeit einer oder mehrere andere Abnehmer Werksleistung freigeben, indem sie ihren Mittelwert X unterschreiten. Der Ausgleich, der sich dabei ergibt, wird um so wahrscheinlicher stattfinden, je tiefer X_1 unter den Mittelwert X geht, je mehr Energieentnahme $X_1 \cdot Z_1$ auf die Unterschreitung entfällt und je weniger die Überschreitungen X_2 über den Mittelwert herausgehen. Nnn wird durch die vorstehende Gleichung die Summe einer Überentnahme plus eine Unterentnahme einer Dauerentnahme mit dem Mittelwert X gleichgestellt, so daß damit festgelegt wird, welche Überentnahme das neue Meßverfahren jemand gestattet, wenn er den übrigen Verbrauch mit einer unter dem Mittelwert X liegenden Wattzahl bezieht.

Da er durch das Heruntergehen unter seinen Mittelwert X dem Werke die Deckung der Spitze eines anderen ermöglicht, der durch diese Spitzenentnahme nun wieder gezwungen ist, zu einer anderen Zeit unter seine mittlere Wattzahl herunterzugehen, wird man aus einem Vergleiche des Wertes Z_2 mit dem Wert Z_1, gemäß der oben angegebenen Gleichung, darauf schließen können, ob das Heruntersetzen unter den Mittelwert X bei der Entnahme Y_1 genügen wird, um im Werke den Ausgleich der Spitze bei der Entnahme Y_2 zu ermöglichen.

Ermöglicht das Meßverfahren einen Ausgleich zwischen den Meßdaten für die Entnahmen Y_2 und Y_1, der den in dem Werke zu erwartenden Ausgleich der Entnahmen Y_2 und Y_1 selbst übertrifft, so können die Meßdaten des neuen Verfahrens nicht als Grundlage eines nach den Selbstkosten gebauten Tarifes verwertet werden. Es liefe das Werk bei einer solchen Anwendung derartiger Meßdaten Gefahr. Die Werksspitzen würden sich erhöhen, ohne daß die Meßdaten (die Angaben der einzelnen *Bst*-Zähler) eine Aufrechnung der festen Kosten für die erhöhte Werksleistung ermöglichten. Es würde zwar gemäß der niedrigeren Preisfestsetzung für die kWh der Konsum steigen, der Belastungsfaktor aber und die Rentabilität würden sinken [1]).

Soll also das neue Meßverfahren die Anpassung des Tarifs an die Stromerzeugungskosten ermöglichen, d. h. auf eine Erhöhung des Belastungsfaktors hinwirken, so muß die Meßhärte — Fassung der Spitzen gegenüber Vergünstigung für die Energieentnahmen mit unter X liegender Wattzahl — derart sein, daß ein weitgehender Ausgleich der Spitzenentnahmen des Einen durch Unterentnahmen Anderer gewährleistet ist.

Die sich in Wirklichkeit abspielenden Ausgleichsvorgänge sind erheblich verwickelter als die Aufrechnung nur einer Entnahme mit X_2 gegen nur eine mit X_1. Trotzdem gibt die einfache Gegeneinanderstellung von Z_2 gegen Z_1 ein Bild, aus dem man auf die Möglichkeit des komplizierten Ausgleichs vieler Spitzen durch viele Unterentnahmen schließen kann. Denn jeder komplizierte Ausgleichsvorgang wird sich teilen lassen in mehrere Ausgleichvorgänge zwischen nur 2 Entnahmen. Damit ergibt die Beurteilung der Meßdaten für Y_2 und Y_1 den Schlüssel zur Beurteilung des ganzen Systems.

Es sei dazu bemerkt, daß alle Tarife mehr oder weniger auf den Ausgleich der Spitzen des Einen durch Unterentnahmen der Anderen rechnen. Am wenigsten stützen sich darauf der Pauschaltarif mit Strombegrenzer und der Tarif des O. E. W. Charakteristisch für die Sachlage ist die Milderung des O. E. W.-Tarifs in Trier. Trier mißt, wie das O. E. W., den Höchstwert an X. Es legt aber der Rechnung beim Lichtabnehmer den Mittelwert aus den in 3 Monaten gemessenen Werten X und

---

[1]) Wenn nach den Dettmar-Kurven, siehe ETZ 1908, S. 343, ein Heraufgehen der Benutzungsstundenzahl mit sinkenden Strompreisen, also eine Verbesserung des Belastungsfaktors mit sinkenden Strompreisen, festgestellt ist, so darf dabei nicht übersehen werden, daß einmal dabei noch nicht erwiesen ist, daß nun diese niedrigeren Strompreise auch die gleiche Kapitalrente ergeben haben, wie die früheren hohen Strompreise, und daß ferner in den sinkenden Strompreisen die Folgen von Tarifänderungen zwecks Verbesserung des Belastungsfaktors zu sehen sind.

beim Kraftabnehmer sogar den Mittelwert aus allen 12 Monatsablesungen zugrunde [1]).

Vollkommen auf den Ausgleich verläßt sich der einfache Zählertarif. Da bei ihm keinerlei Druck auf eine Verbesserung des Ausgleichs ausgeübt wird, ist der Ausgleich schlecht und die Strompreise müssen hoch gehalten werden. Auch der Potsdamer Tarif übt keinerlei Druck aus auf eine Verbesserung des Ausgleichs. Er unterscheidet sich nur insofern vom einfachen Zählertarif, als er die Preisfestsetzung aufbaut auf der Wohnungsgröße und so für denjenigen Verbrauch billigere Kosten ergibt, für den ein guter Ausgleich der Spitzenentnahmen zu erwarten steht, auch wenn kein Druck ausgeübt wird.

Welch gute Folgen ein Druck zur Besserung des Ausgleichs zeitigt, zeigen die bekannten Erfolge des Doppeltarifs. Die Verteuerung des Stromes zu bestimmten Zeiten am Tage veranlaßt zahlreiche Konsumenten, in diesen Zeiten möglichst wenig Strom zu entnehmen und bietet damit dem Werke die Möglichkeit, in diesen Zeiten die Spitzenentnahmen der anderen zu decken [2]).

---

[1]) Die diesbezüglichen Bestimmungen lauten unter Tarif I Lichttarif 1: „Die Anzahl der jährlichen Benutzungsstunden im Sinne des Tarifs wird dadurch festgestellt, daß vermittelst eines zweckentsprechend gebauten Zählers . . . die gleichzeitig höchste Stromentnahme . . . ermittelt wird . . . Aus den in 3 verschiedenen Monaten, in denen die höchsten gleichzeitigen Entnahmen stattgefunden haben, ermittelten Höchstwerten wird der Mittelwert festgestellt.“ Tarif III: „Dabei wird die Benutzungsdauer wie bei Tarif I festgestellt, jedoch mit dem Unterschiede, daß für die Ermittlung der Höchstentnahme der Mittelwert aus sämtlichen 12 Monaten zugrunde gelegt wird.“

[2]) Thierbach gibt ETZ 1909, S. 91 an, daß das Elektrizitätswerk Köln mit Einführung des Doppeltarifs große Erfolge erzielt hat. Eine Konsumsteigerung um 30 % hat nur eine 5 %ige Steigerung der Maschinenleistung erfordert, während beim einfachen Zählertarif die Steigerung der Maschinenleistung fast genau gleich der Steigerung des Verbrauchs war.

ETZ 1910, S. 900: Nürnberg erhofft von der Wirkungsweise des Doppeltarifs eine wesentliche Entlastung.

Das Vorgehen von Breslau, wo der ganze Tag Sperrzeit ist, geht nur darauf aus, dem Werke größere Einnahmen zu bringen; es kann keinen Einfluß auf die Verbesserung des Belastungsfaktors haben. Im übrigen steht dieses Vorgehen in Deutschland ganz einsam da.

Es ist versucht worden, die Frage des Ausgleichs zu klären. Praktisch verwertbare Resultate haben die diesbezüglichen Untersuchungen nicht ergeben [1]).

Die Gleichung

$$X_1 \cdot Z_1 + X_2 \cdot Z_2 = X \cdot (V_1 \cdot Z_1 + V_2 \cdot Z_2)$$

geht durch Einsetzen der Werte für V_1 und V_2 nach der Gleichung

$$V = \frac{J}{J_0}\left(2 - \frac{J}{J_0}\right),$$

also

$$V_1 = \frac{J_1}{J_0}\left(2 - \frac{J_1}{J_0}\right) \quad \text{und} \quad V_2 = \frac{J_2}{J_0}\left(2 - \frac{J_2}{J_0}\right),$$

über in

$$X_1 \cdot Z_1 + X_2 \cdot Z_2 = X \cdot \left[\frac{J_1}{J_0}\left(2 - \frac{J_1}{J_0}\right) \cdot Z_1 + \frac{J_2}{J_0}\left(2 - \frac{J_2}{J_0}\right) \cdot Z_2\right].$$

Da J_0 diejenige Stromstärke ist, bei welcher der *Bst*-Zähler mit Zeitzählergeschwindigkeit läuft, ist $J_0 \cdot E = X$. Durch Einsetzen dieses Wertes in die vorstehende Gleichung geht diese über in

$$X_1 \cdot Z_1 + X_2 \cdot Z_2 = E \cdot J_0 \left[\frac{J_1}{J_0}\left(2 - \frac{J_1}{J_0}\right) Z_1 + \frac{J_2}{J_0}\left(2 - \frac{J_2}{J_0}\right) Z_2\right]$$

$$= E \cdot J_1 \cdot \frac{(2\,J_0 - J_1)}{J_0} \cdot Z_1 + E \cdot J_2 \frac{(2\,J_0 - J_2)}{J_0} \cdot Z_2.$$

Durch Erweitern der Brüche der rechten Seite mit E geht die Gleichung über in

$$X_1 \cdot Z_1 + X_2 \cdot Z_2 = \frac{X_1}{X} Z_1 (2\,X - X_1) + \frac{X_2}{X} Z_2 (2\,X - X_2)$$

$$X_1 \cdot Z_1 \left(1 - \frac{2\,X - X_1}{X}\right) = - X_2 \cdot Z_2 \left(1 - \frac{2\,X - X_2}{X}\right)$$

---

[1]) Siehe ETZ 1911, S. 1303 ff. Schouten, „Beiträge zur Theorie der Tarifbildung“, über den Verschiedenheitsfaktor. Verfasser hat in seinen Stromtarifen (Verlag von Jaenecke, Leipzig) versucht, diese Frage durch den Vorschlag eines bestimmten Gesetzes für den Verlauf des Ausgleichs zu fördern. Die dabei gewonnene Kurve stimmt prinzipiell mit der von Eisenmenger gefundenen Kurve überein. Siehe ETZ 1913, S. 1094 und 1299.

$$X_1 \cdot Z_1 \frac{(X - 2X + X_1)}{X} = X_2 \cdot Z_2 \frac{(-X + 2X - X_2)}{X}$$

$$\boldsymbol{X_1 \cdot Z_1 \frac{X - X_1}{X} = X_2 \cdot Z_2 \frac{X_2 - X}{X}} \quad . \; . \; . \; . \; . \; 6$$

Damit wird

$$\frac{Z_1}{Z_2} = \frac{\dfrac{X_2(X_2 - X)}{X}}{\dfrac{X_1(X - X_1)}{X}} = \frac{X_2(X_2 - X)}{X_1(X - X_1)}.$$

Nach dieser Gleichung für $\frac{Z_1}{Z_2}$ berechnet sich der prozentuale Anteil der Spitzenentnahme $(X_2 - X) \cdot Z_2$ an der Gesamtentnahme $X_1 \cdot Z_1 + X_2 \cdot Z_2$ mit

$$\frac{(X_2 - X) \cdot Z_2}{X_1 \cdot Z_1 + X_2 \cdot Z_2} = \frac{X_2 - X}{X_2 + X_1 \dfrac{Z_1}{Z_2}} = \frac{X_2 - X}{X_2 + X_1 \dfrac{(X_2 - X) \cdot X_2}{(X - X_1) \cdot X_1}}$$

$$= \frac{(X_2 - X)(X - X_1)}{X_2(X - X_1) + (X_2 - X) \cdot X_2}.$$

$$\boldsymbol{\frac{(X_2 - X) \cdot Z_2}{X_1 Z_1 + X_2 Z_2}} = \frac{(X_2 - X)(X - X_1)}{X_2(X - X_1 + X_2 - X)} = \boldsymbol{\frac{(X_2 - X)(X - X_1)}{X_2(X_2 - X_1)}} \quad 7$$

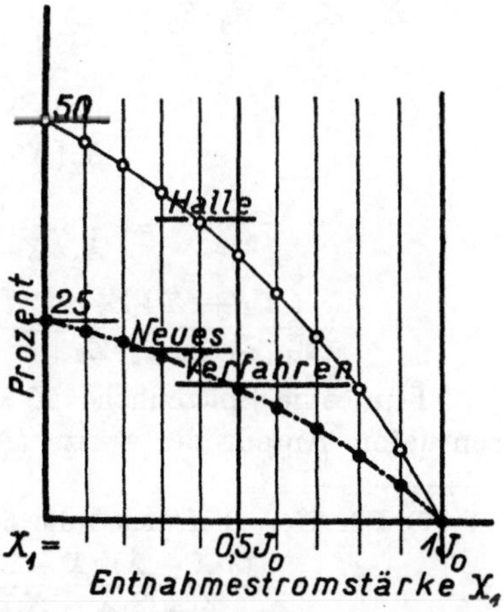

Fig. 3. Auf die reine Spitze $(X_2 - X) Z_2$ entfallender Anteil am Gesamtverbrauche, wenn die Summe der für die Stromentnahmen $X_1 Z_1$ und $X_2 Z_2$ gezählten Zeitstunden (Halle) bzw. *Bst.* (neues Verfahren) der für die Entnahme mit der Watthöhe X gezählten Stundenzahl Z gleich ist.
Gewählt: $X_2 = 2 \cdot X$.
Ordinate: $\frac{(X_2 - X) \cdot Z_2}{X_1 Z_1 + X_2 \cdot Z_2}$.
Abszisse: X_1.

Für eine Spitzenhöhe $X_2 = 2 \cdot X$ sind in Fig. 3 die prozentualen Anteile der Spitze $(X_2 - X) \cdot Z_2$ nach der Höhe der den Ausgleich der Meßdaten gestattenden Wattzahl X_1 aufgetragen[1]).

Beim Halleschen Verfahren hätten sich die folgenden Werte ergeben.

Die Summe der Zeitdauern Z_1 plus Z_2 muß konstant bleiben, soll der Zeitzähler für den Verbrauch $Y_2 + Y_1$ dasselbe verzeichnen, wie für den Verbrauch $X \cdot Z$. Damit ergibt sich

$$X_1 \cdot Z_1 + X_2 \cdot Z_2 = X \cdot Z \qquad \text{und} \qquad Z_1 + Z_2 = Z.$$

Durch Herausschaffen von Z folgt die Gleichung

$$X_1 \cdot Z_1 + X_2 \cdot Z_2 = X \cdot (Z_1 + Z_2).$$

Beim Vereinigen der Glieder mit Z_1 und Z_2 geht diese Gleichung über in

$$Z_1 \cdot (X - X_1) = Z_2 \cdot (X_2 - X),$$

woraus folgt:

$$\frac{Z_1}{Z_2} = \frac{X_2 - X}{X - X_1}.$$

Diese Gleichung in die Gleichung für den prozentualen Anteil der Spitze $(X_2 - X) \cdot Z_2$ am Gesamtverbrauche $X_1 \cdot Z_1 + X_2 \cdot Z_2$ eingesetzt, folgt:

$$\frac{(X_2 - X) \cdot Z_2}{X_1 \cdot Z_1 + X_2 \cdot Z_2} = \frac{X_2 - X}{X_2 + X_1 \frac{Z_1}{Z_2}} = \frac{X_2 - X}{X_2 + X_1 \frac{X_2 - X}{X - X_1}}$$

$$= \frac{(X_2 - X)(X - X_1)}{X_2 (X - X_1) + X_1 (X_2 - X)}$$

$$= \frac{(X_2 - X)(X - X_1)}{X_2 \cdot X - X_2 X_1 + X_2 X_1 - X_1 \cdot X}.$$

$$\boldsymbol{\frac{(X_2 - X)\, Z_2}{X_1 \cdot Z_1 + X_2 \cdot Z_2} = \frac{(X_2 - X)\,(X - X_1)}{X\,(X_2 - X_1)}} \quad . \; . \; . \; 8$$

Für eine Spitzenhöhe $X_2 = 2 \cdot X$ sind in Fig. 3 die prozentualen Anteile der Spitze $(X_2 - X) \cdot Z_2$ nach der Höhe der

---

[1]) Für $X_2 = 2 \cdot X$ nimmt die obige Gleichung die Form

$$\frac{(2 \cdot X - X) \cdot (X - X_1)}{2 \cdot X\,(2 \cdot X - X_1)} = \frac{1 \cdot (X - X_1)}{2 \cdot (2 \cdot X - X_1)}$$

an. Daraus berechnen sich für die Werte $X_1 = 0 - 0{,}2 - 0{,}4 - 0{,}6 - 0{,}8 - 1 \cdot X$ die Prozentsätze $25 - 22{,}2 - 18{,}7 - 14{,}3 - 8{,}3 - 0\,\%$.

den Ausgleich der Meßdaten gestattenden Wattzahl X_1 aufgetragen[1]).

Die beim Halleschen Verfahren sich ergebenden Prozentsätze liegen weit über den Beträgen, die das neue Verfahren zuläßt. Und zwar zeigt ein Vergleich der beiden Formeln 7 und 8, daß das neue Verfahren nur den $\frac{X}{X_2}$ ten Teil der Prozente zuläßt, die das Hallesche Verfahren an Spitzenverbrauch gestattet. Denn die Division der Formeln 7 und 8 (für das neue Verfahren durch die für das Hallesche geltende) ergibt $\frac{X}{X_2}$.

Deutlicher zeigt die Daten des neuen und des Halleschen Verfahrens die Darstellung in der Fig. 4. Es sind für die Spitzenhöhen $X_2 = 1{,}2 - 1{,}6 - 2{,}0 \cdot X$ und die Höhen der Unterentnahmen $X_1 = 0{,}2 - 0{,}8 \cdot X$ die obigen Formeln entsprechenden Konsumverteilungen aufgetragen. Als Maßstab zur Beurteilung steht an der linken Seite der Konsumverteilungen das der Dauerentnahme mit $X \cdot Z$ entsprechende Rechteck.

Das Hallesche Verfahren wird gekennzeichnet durch die gleiche Länge aller Konsumverteilungen. Dabei ist der über der Höhe X liegende Verbrauch $(X_2 - X) \cdot Z_2$ inhaltlich gleich dem unter der Höhe X freigegebenen Verbrauche $(X - X_1)(Z - Z_2)$. Es ist eben nur ein Teil des Verbrauchs $X \cdot Z$ über die Höhe X verlegt. Das Werk müßte darauf rechnen können, daß es jede ihm bei Unterschreitung der mittleren Watthöhe X freigegebene Energiemenge $(X - X_1)(Z - Z_2)$ voll und ganz an einen anderen Abnehmer los wird. Denn nur dann kann es diese Verlegung von $(X - X_1) \cdot Z_1$ auf $(X_2 - X)(Z - Z_1)$ gestatten. An einen so guten Ausgleich ist aber gar nicht zu denken und demgemäß ist die Hallesche Methode, ganz abgesehen davon, daß sie sich auf die Kontrolle eines Teils des Gesamtverbrauchs beschränken muß, für den Aufbau des Tarifs auf den Selbstkosten unbrauchbar.

---

[1]) Für $X_2 = 2 \cdot X$ nimmt die obige Gleichung die Form

$$\frac{(2 \cdot X - X)(X - X_1)}{X(2X - X_1} = \frac{X - X_1}{2 \cdot X - X_1}$$

an. Daraus berechnen sich für die Werte $X_1 = 0 - 0{,}2 - 0{,}4 - 0{,}6 - 0{,}8 - 1 \cdot X$ die Prozentsätze 50 — 44,4 — 37,5 — 28,6 — 16,6 — 0%.

Bei der neuen Methode muß der Abnehmer, der eine Spitze entnimmt, seinen Restverbrauch auf eine über $Z - Z_2$ hinausgehende Zeit verteilen, um in den Meßdaten des *Bst*-Zählers den Ausgleich auf den Mittelwert X zu erhalten. Es muß der Abnehmer also seine übrige Watthöhe herunterdrücken, will er die Spitzenentnahme wettmachen. Er verzichtet auf seinen ihm zukommenden mittleren Wattwert während der die Länge $Z - Z_2$ weit übersteigenden Zeit Z_1. Dabei muß er um so tiefer mit der Watthöhe X_1 unter X heruntergehen, je mehr Spitzenentnahme er haben will. Kurz, sein Verzicht ermöglicht dem Werke die Deckung einer erheblich größeren Spitze, als die eigene beträgt. Nur dann kann sich das Werk überhaupt darauf einlassen, eine Spitzenentnahme gegen eine Entnahme mit unter dem Mittelwert X liegender Höhe auf-

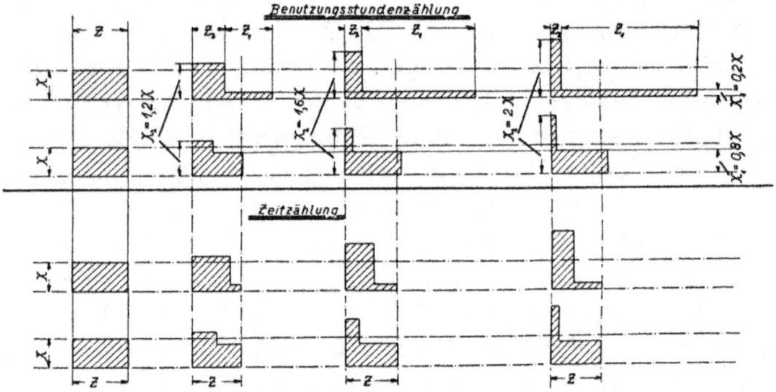

Fig. 4. Nach dem neuen Meßverfahren (*Bst*-Zählung) und dem Halleschen Verfahren (Zeitzählung) gleichgestellte Konsumverteilungen. Ordinate: Entnahmewatthöhen. Abszisse: Zeitdauer. Spitzenwatthöhen: $X_2 = 1{,}2 \cdot X$ — $1{,}6 \cdot X$ — $2 \cdot X$. Niedrige Watthöhen: $X_1 = 0{,}2 \cdot X$ — $0{,}8 \cdot X$.

rechnen zu lassen, wenn die ganz selbstverständlichen Ausfälle dabei auf Kosten des Abnehmers gehen.

Eine zahlenmäßige Feststellung, inwieweit bei den obenbestimmten Konsumverteilungen ein Ausgleich stattfinden muß, kann nicht gegeben werden. Es läßt sich wohl mit Hilfe der Wahrscheinlichkeitsrechnung ermitteln, wie groß bei einer bestimmten Anzahl n Abnehmer mit Konsumverteilungen nach Fig. 4 die Wahrscheinlichkeit eine Spitzenhöhe $> n \cdot X$ ist. Damit läßt sich naturgemäß nicht der Beweis geben, daß der Ausgleich wirklich stattfinden wird. Im übrigen sind derartige Berechnungen insofern ungenau, als sie auf der Annahme beruhen, daß alle Entnahmen ganz unabhängig voneinander sind, während sie in Wirklichkeit sich darum schon untereinander ausgleichen, weil das Herausgehen über den Mittelwert bei einem Abnehmer durch den Aufenthalt eines anderen bei ihm, also durch einen Unterverbrauch in der Anschlußbenützung bei diesem Anderen, hervorgerufen sein kann.

Die Beurteilung der Fig. 4 muß nach dem Augenschein erfolgen[1]).

2. Prüfung der neuen Methode unter der Annahme, daß es nicht gelungen ist, den Wert X genau vorauszuschätzen.

Hat sich aus der Formel 7 und Fig. 4 ergeben, wie eine Entnahme von $X \cdot Z$ kWh in 2 Teile $X_1 \cdot Z_1$ und $X_2 \cdot Z_2$ geteilt werden muß, um die gleiche Benutzungsstundenzahl zu ergeben wie der ungeteilte Verbrauch $X \cdot Z$, so ist es doch nicht möglich, aus diesen Daten zu schließen auf den Grad, in dem eine Änderung in den Werten X_1, X_2, Z_1 und Z_2 die Benutzungsstundenzahl ändert.

Auch gelten die Formel 7 und die Fig. 4 nur dann, wenn die Größe X genau vorausgeschätzt war, d. h. wenn man dem *Bst*-Zähler bei dem Werte X die Zeitzählergeschwindigkeit gegeben hat, die dem aus den späteren Meßdaten sich ergebenden Werte X gleich ist. Es ist aber ausgeschlossen, daß man die Watthöhe X der Gleichung $X = Y/Bst$ genau vorausschätzen wird. Im übrigen wäre ja dann das ganze neue Meßverfahren überflüssig. Damit wird die Feststellung, in welcher Weise die Vorausschätzung von X die gezählte Benutzungsstundenzahl beeinflußt, unerläßlich.

---

[1]) Auf S. 24 seines Buches „Stromtarife für Großabnehmer“ gibt Fleig eine aus Lloyd, Compitation of load factors entnommene Tabelle über den Verschiedenheitsfaktor von verschiedenen Betrieben. Derartige Tabellen ohne Angaben, welcher tariftechnische Druck zum Resultate geführt hat, geben keine Anhaltspunkte für die Beurteilung der Art und Weise, wie sich ein Ausgleich vollzieht. (Die Bezeichnung „Belastungsfaktor“ ist unrichtig, d. h. in Deutschland bezeichnet dieses Wort nicht den Begriff, welchen die Zahlen der Tabelle geben sollen.)

Für die Prüfung der neuen Methode in diesen beiden Richtungen erscheint die Wahl einer Reihe von Konsumverteilungen erforderlich.

a) Wahl einer Reihe von Konsumverteilungen.

Bei den älteren Meßverfahren erübrigt sich die Feststellung der Tarifresultate an Hand einer Reihe von Beispielen. Man ist in der Lage, die Meßdaten auf ihr Zustandekommen zu verfolgen, da die älteren Tarife nur auf einem Wert, Höhe der Entnahme oder zeitliche Lage oder Zeitdauer der Entnahme, aufgebaut sind. Bei der neuen Methode versagt dieses Verfahren. Die neue Methode faßt zwei Werte, Zeitdauer der Entnahme und Höhe der Entnahme, gleichzeitig in einer Messung, und arbeitet daher für unsere heutige Gewöhnung unübersichtlich.

In der Wahl einer bestimmten Konsumverteilungsreihe liegt natürlich eine Bindung. Aber ohne eine solche läßt sich keine Reihe aufstellen. Durch Hineinbringen von Sprüngen wird später versucht werden, den Einfluß der Bindung zu beheben bzw. neue Verteilungsreihen zu bilden, die keine durchlaufende Gesetzmäßigkeit besitzen.

Die zunächst gewählte Verteilungsreihe I nimmt 10 Stufen mit den Watthöhen 1,0—0,9—0,8 ... 0,1 des Anschlußwertes an. Die auf die einzelnen Stufen fallenden Konsummengen sollen dabei nach einer arithmetischen Reihe abgestuft sein.

Die Summe der 10 Konsummengen beträgt

$$S = \left(A + \frac{10-1}{2} \cdot d\right) \cdot 10 = 10 \cdot A + 45 \cdot d,$$

wobei A die auf die erste Stufe — Watthöhe gleich Anschlußwert — fallende Konsummenge und d die Differenz der einzelnen Glieder bedeutet.

Durch Division durch S folgt $\frac{S}{S} = 1 = \frac{10\,A}{S} + \frac{45\,d}{S}$ und $d = \left(1 - 10\frac{A}{S}\right)\frac{S}{45}$.

Setzt man $S = 100$ und nennt man den auf die erste Stufe fallenden prozentualen Anteil am Gesamtverbrauch A', so folgt $d = \frac{100}{45} - \frac{10}{45} A' = \left(\frac{20}{9} - \frac{2}{9} A'\right)\%$ von S.

Die durch Variation von A' sich ergebenden verschiedenen Konsumverteilungen sind charakterisiert durch die Größe von A'. Demgemäß werden sie nach dieser Größe bezeichnet werden. Es soll unter Konsumverteilung „4“ diejenige Konsumverteilung verstanden werden, bei der 4 % des Gesamtverbrauchs mit der Watthöhe gleich Anschlußwert entnommen wird[1]).

---

[1]) Die nachstehende Tabelle gibt die auf die einzelnen Stufen der Konsumverteilungen 0—4—8—12—16—20 fallenden Prozentsätze am Gesamtverbrauche und die bei einem Gesamtverbrauche von 100 Stunden mal Anschlußwert auf die einzelnen Stufen kommenden Zeitdauern.

Für $A' = 0$ ist $d = 20/9 = 2{,}222\,\%$
„ $A' = 4$ „ $d = 20/9 - 2 \cdot 4/9 = 1{,}333$ „
„ $A' = 8$ „ $d = 20/9 - 2 \cdot 8/9 = 0{,}444$ „
„ $A' = 12$ „ $d = 20/9 - 2 \cdot 12/9 = -0{,}444$ „
„ $A' = 16$ „ $d = 20/9 - 2 \cdot 16/9 = -1{,}333$ „
„ $A' = 20$ „ $d = 20/9 - 2 \cdot 20/9 = -2{,}222$ „

Damit ergeben sich die in den Spalten I der folgenden Tabelle

Stufenhöhe	I Konsum %	II Stundenzahl	I Konsum %	II Stundenzahl	I Konsum %	II Stundenzahl
$1{,}0 \cdot W$	0	0	4	4	8	8
$0{,}9 \cdot W$	2,22	2,47	5,33	5,9	8,44	9,4
$0{,}8 \cdot W$	4,44	5,5	6,66	8,3	8,88	11
$0{,}7 \cdot W$	6,66	9,5	8	11,4	9,32	13,3
$0{,}6 \cdot W$	8,88	14,8	9,33	15,5	9,76	16,2
$0{,}5 \cdot W$	11,11	22,2	10,66	21,3	10,2	20,4
$0{,}4 \cdot W$	13,33	33,3	12	30	10,66	26,8
$0{,}3 \cdot W$	15,55	51,7	13,33	44,4	11,10	37
$0{,}2 \cdot W$	17,77	88,8	14,66	73	11,54	57,6
$0{,}1 \cdot W$	19,99	200	16	160	11,99	120

Stufenhöhe	I Konsum %	II Stundenzahl	I Konsum %	II Stundenzahl	I Konsum %	II Stundenzahl
$1{,}0 \cdot W$	12	12	16	16	20	20
$0{,}9 \cdot W$	11,55	12,8	14,66	16,3	17,77	19,6
$0{,}8 \cdot W$	11,11	14	13,33	16,6	15,55	19,2
$0{,}7 \cdot W$	10,66	15,3	12	17,2	13,33	18,8
$0{,}6 \cdot W$	10,2	17	10,66	17,8	11,11	18,4
$0{,}5 \cdot W$	9,76	19,5	9,33	18,6	8,88	17,6
$0{,}4 \cdot W$	9,32	23,2	8	20	6,66	16,6
$0{,}3 \cdot W$	8,88	29,2	6,66	22,2	4,44	14,6
$0{,}2 \cdot W$	8,44	42,2	5,33	26,6	2,22	11,1
$0{,}1 \cdot W$	8	80	4	40	0	0

Die Darstellung dieser Konsumverteilungen gibt Fig. 5. Das Zustandekommen dieser Darstellung aus der Konsumentenkurve erklärt sich wie folgt.

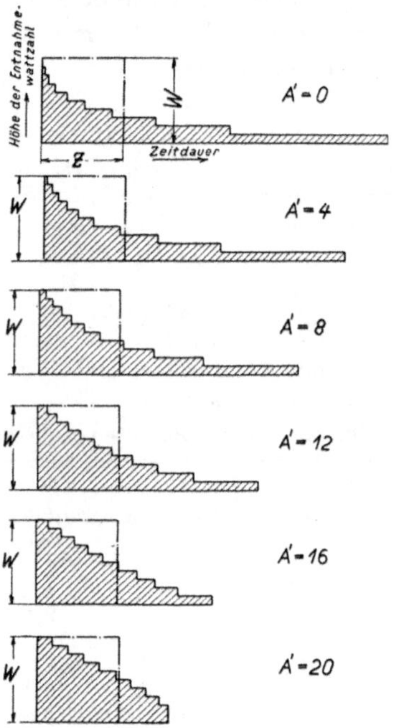

Fig. 5.
Konsumverteilungen $A'=0, A'=4, A'=8, A'=12, A'=16, A'=20$ nach Verteilungsreihe I für einen Gesamtverbrauch von $W \cdot Z$ (W Anschlußwert).
Ordinate: Entnahmewatthöhe.
Abszisse: Zeitdauer.

Die Konsumentenkurve Fig. 6 A wird durch eine nach 10 Stufen abgesetzte Zickzacklinie ersetzt, Fig. 6 B. Die durch diese Zickzacklinie begrenzten Flächenstücke, die als Watthöhe mal Zeitdauer die einzelnen Konsummengen in Wattstunden geben, werden nach den Watthöhen ge-

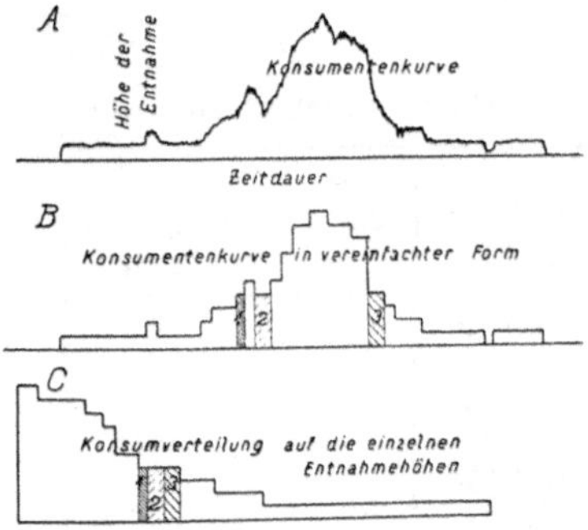

Fig. 6.

ordnet. So kommt die den Darstellungen in Fig. 5 ähnliche Fig. 6 C zustande. Durch Schraffur sind 3 auf gleiche Watthöhe fallende Konsummengen 1—2—3

---

verzeichneten Werte für die auf die einzelnen Stufen entfallenden Prozentsätze.

Durch Multiplikation mit W (Gesamtverbrauch 100 Stunden mal Anschlußwert W) ergeben sich die Konsummengen, und durch Division dieser Konsummengen durch die Watthöhen der einzelnen Stufen — $1{,}0\,W$—$0{,}9\,W$... — gewinnt man die Zeitdauern, die in den mit II überschriebenen Spalten enthalten sind.

besonders gekennzeichnet. Ihre Nebeneinanderfügung und Einreihung in die anderen Konsummengenstücke wird dadurch deutlich hervorgehoben.

b) Feststellung der bei den einzelnen Konsumverteilungen durch Variation der vorausgeschätzten Größe X erreichbaren Bst.-Maxima.

Bezeichnet man die für X vorausgeschätzte Wattzahl mit $a \cdot W$, wobei W den Anschlußwert bezeichnet und a eine variable Größe ist — variabel insofern, als man sie verschieden hoch schätzen kann —, so geht die Gleichung 3 für die *Bst*-Zähler-Geschwindigkeit

$$V = \frac{J}{J_0}\left(2 - \frac{J}{J_0}\right) = \frac{E \cdot J}{E \cdot J_0}\left(2 - \frac{E \cdot J}{E \cdot J_0}\right) \text{ über in } V = \frac{E \cdot J}{a \cdot W}\left(2 - \frac{E \cdot J}{a \cdot W}\right).$$

Bei einem Gesamtverbrauche von 100 Stunden mal W folgt die Summe der auf den 10 Stufen in Fig. 5 gezählten Benutzungsstunden der Gleichung

$$\boldsymbol{Bst} = \frac{200}{a} - \frac{330}{9a^2} - \frac{16{,}5 \cdot A'}{9a^2} \text{[1]} \quad \ldots \ldots \quad 9$$

[1] Die Berechnung dieser Formel erhellt aus folgender Überlegung. Auf die einzelnen Stufen entfallen die Prozentsätze A', $A' + d$, $A' + 2 \cdot d \ldots$ Bei $100 \cdot W$ Gesamtverbrauch ergeben sich damit die Konsummengen auf den einzelnen Stufen mit $A' \cdot (1/100) \cdot 100 \cdot W$, $(A' + d) \cdot (1/100) \cdot 100 \cdot W$, $(A' + 2 \cdot d) \cdot (1/100) \cdot 100 \cdot W \ldots$ Diese kWh-Beträge dividiert durch die Watthöhen der Stufen geben die Benutzungsdauern der Stufen. Benutzungsdauer einer Stufe mal Geschwindigkeit des *Bst*-Zählers bei der Stufenhöhe ergibt die für den Verbrauch auf der Stufe gezählte Benutzungsstundenzahl.

Die nachstehende Tabelle gibt in der Spalte 1 die „Anteile am Gesamtverbrauch", in Spalte 2 den „Gesamtverbrauch", in Spalte 3 den Wert „1 : Stufenhöhe" und in der letzten Spalte die „Benutzungsstundenzählergeschwindigkeiten".

Nach Fortheben der Werte W in der Kolumne 4, der Zahlen 100 Kolumne 1 gegen Kolumne 2 und der Zahlen 1 bis 0,1 gegen 1 bis 0,1 Kolumne 3 und 4 ergeben sich 4 Gruppen:

I. $1/9 \cdot A' \cdot 1/a \cdot 2 \cdot (+9 + 7 + 5 + 3 + 1 - 1 - 3 - 5 - 7 - 9) = 0.$

II. $-1/9 \cdot A' \cdot 1/a \cdot 1/a \cdot (9 \cdot 1 + 7 \cdot 0{,}9 + 5 \cdot 0{,}8 + 3 \cdot 0{,}7 + 1 \cdot 0{,}6 - 1 \cdot 0{,}5 - 3 \cdot 0{,}4 - 5 \cdot 0{,}3 - 7 \cdot 0{,}2 - 9 \cdot 0{,}1) = -\frac{A' \cdot 16{,}5}{9 \cdot a^2}.$

Das Maximum an Benutzungsstunden ergibt sich bei

$$\frac{d\,Bst}{d\,a} = 0 = -\frac{200}{a^2} + \frac{2 \cdot 330}{9 \cdot a^3} + \frac{2 \cdot 16{,}5 \cdot A'}{9 \cdot a^3}$$

$$0 = -1800 \cdot a + 660 + 33 \cdot A'$$

$$\boldsymbol{a = \frac{660 + 33 \cdot A'}{1800} = \frac{66 + 3{,}3 \cdot A'}{180}} \quad \ldots\ldots \; 10$$

III. $20/9 \cdot 1/a \cdot 2(1+2+3+4+5+6+7+8+9) = \frac{200}{a}$.

IV. $-20/9 \cdot 1/a \cdot 1/a \cdot (1 \cdot 0{,}9 + 2 \cdot 0{,}8 + 3 \cdot 0{,}7 + 4 \cdot 0{,}6 + 5 \cdot 0{,}5 + 6 \cdot 0{,}4 + 7 \cdot 0{,}3 + 8 \cdot 0{,}2 + 9 \cdot 0{,}1) = -\frac{330}{9 \cdot a^2}$.

	1	2	3	4
Stufenhöhe in kW	Anteil am Gesamtverbrauch	Gesamtverbrauch kWh	$\frac{1}{\text{Stufenhöhe}}$ 1/kW	V
$1 \cdot W$	$\frac{9/9 \cdot A'}{100}$	$100 \cdot W$	$\frac{1}{1 \cdot W}$	$\frac{1 \cdot W}{a \cdot W}\left(2 - \frac{1 \cdot W}{a \cdot W}\right)$
$0{,}9 \cdot W$	$\frac{7/9 \cdot A' + 1 \cdot 20/9}{100}$	"	$\frac{1}{0{,}9 \cdot W}$	$\frac{0{,}9 \cdot W}{a \cdot W}\left(2 - \frac{0{,}9 \cdot W}{a \cdot W}\right)$
$0{,}8 \cdot W$	$\frac{5/9 \cdot A' + 2 \cdot 20/9}{100}$	"	$\frac{1}{0{,}8 \cdot W}$	$\frac{0{,}8 \cdot W}{a \cdot W}\left(2 - \frac{0{,}8 \cdot W}{a \cdot W}\right)$
$0{,}7 \cdot W$	$\frac{3/9 \cdot A' + 3 \cdot 20/9}{100}$	"	$\frac{1}{0{,}7 \cdot W}$	$\frac{0{,}7 \cdot W}{a \cdot W}\left(2 - \frac{0{,}7 \cdot W}{a \cdot W}\right)$
$0{,}6 \cdot W$	$\frac{1/9 \cdot A' + 4 \cdot 20/9}{100}$	"	$\frac{1}{0{,}6 \cdot W}$	$\frac{0{,}6 \cdot W}{a \cdot W}\left(2 - \frac{0{,}6 \cdot W}{a \cdot W}\right)$
$0{,}5 \cdot W$	$\frac{-1/9 \cdot A' + 5 \cdot 20/9}{100}$	"	$\frac{1}{0{,}5 \cdot W}$	$\frac{0{,}5 \cdot W}{a \cdot W}\left(2 - \frac{0{,}5 \cdot W}{a \cdot W}\right)$
$0{,}4 \cdot W$	$\frac{-3/9 \cdot A' + 6 \cdot 20/9}{100}$	"	$\frac{1}{0{,}4 \cdot W}$	$\frac{0{,}4 \cdot W}{a \cdot W}\left(2 - \frac{0{,}4 \cdot W}{a \cdot W}\right)$
$0{,}3 \cdot W$	$\frac{-5/9 \cdot A' + 7 \cdot 20{,}9}{100}$	"	$\frac{1}{0{,}3 \cdot W}$	$\frac{0{,}3 \cdot W}{a \cdot W}\left(2 - \frac{0{,}3 \cdot W}{a \cdot W}\right)$
$0{,}2 \cdot W$	$\frac{-7/9 \cdot A' + 8 \cdot 20/9}{100}$	"	$\frac{1}{0{,}2 \cdot W}$	$\frac{0{,}2 \cdot W}{a \cdot W}\left(2 - \frac{0{,}2 \cdot W}{a \cdot W}\right)$
$0{,}1 \cdot W$	$\frac{-9/9 \cdot A' + 9 \cdot 20/9}{100}$	"	$\frac{1}{0{,}1 \cdot W}$	$\frac{0{,}1 \cdot W}{a \cdot W}\left(2 - \frac{0{,}1 \cdot W}{a \cdot W}\right)$

Durch Einsetzen dieses Wertes für a in die Gleichung 9 ergibt sich

$$Bst_{max} = \frac{200}{\frac{66+3{,}3\cdot A'}{180}} - \frac{330 \quad + \quad 16{,}5\cdot A'}{9\left(\frac{66+3{,}3\cdot A'}{180}\right)^2}$$

$$= \frac{200}{\frac{66+3{,}3\cdot A'}{180}} - \frac{(66+3{,}3\cdot A')\cdot 5}{9\left(\frac{66+3{,}3\cdot A'}{180}\right)^2}$$

$$\boldsymbol{Bst_{max}} = \frac{9/180\cdot 200 \quad -5}{9/180 \cdot \frac{(66+3{,}3A)}{180}} = \frac{\mathbf{18000}}{\mathbf{66+3{,}3\cdot A'}} \quad \ldots\ldots \quad 11$$

Bestimmt man mit diesem Werte der *Bst*-Zahl die für die einzelnen Konsumverteilungen sich ergebenden Werte X, die naturgemäß mit den Werten X, die bei der Vorausschätzung zu wählen wären, um Bst_{max} zu erzielen, identisch sind, so stellen sich diese Werte auf:

$$X = \frac{100\cdot W}{\frac{18000}{66+3{,}3\cdot A'}}$$

$$\boldsymbol{X} = \frac{\mathbf{100\cdot W\cdot(66+3{,}3\cdot A')}}{\mathbf{18000}} \quad \ldots\ldots \quad 12$$

Die Werte für X folgen danach einer arithmetischen Reihe, anfangend mit dem Gliede $X = 0{,}366\cdot W$ für $A' = 0$ und endend mit dem Gliede $X = 0{,}733\cdot W$ für $A' = 20$.

c) Folgen der Vorausschätzung, d. h. ungenauen Festlegung von X und daraus sich ergebende Bedingungen für die Verwendung der neuen Methode in Tarifen.

Die Vorausschätzung kann die Größe X nicht genau treffen. Der Abnehmer wird demzufolge weniger Benutzungsstunden gezählt erhalten, als bei genauer Vorausbestimmung erreichbar gewesen wären. Die Abweichung beträgt (Formel 9 und 11)

$$\frac{18000}{66+3{,}3\cdot A'} - \left(\frac{200}{a} - \frac{330}{9\cdot a^2} - \frac{16{,}5\cdot A'}{9\cdot a^2}\right).$$

Läßt man für die Abweichung die Größe von 1% zu, so daß Bst_{max} zu den erreichten *Bst* sich wie 100 : 99 verhält, so ergibt sich die Bedingungsgleichung zwischen A' und a

$$\left(\frac{18000}{66+3{,}3\cdot A'}\right) : \left(\frac{200}{a} - \frac{330}{9a^2} - \frac{16{,}5\cdot A'}{9a^2}\right) = 100 : 99.$$

Bei einer Festlegung von a auf $a = 0{,}6$ würde A' von $A' = 9{,}45$ bis $A' = 16$ variiert werden können, ohne daß die Abweichung die Höhe von 1 % übersteigt[1]).

Ganz abgesehen davon aber, daß diese Abweichungen in gewissen Grenzen überhaupt gering sind, sind sie auch nicht einmal unbedingt als Fehler anzusehen. Man kann dieselben vielmehr als Verschärfung der Meßmethode über deren theoretisch festgelegte Meßschärfe hinaus ansehen, wenn auch nur in bestimmten Fällen.

Ein Abnehmer, der eine Konsumverbrauchskurve 0 hat, sollte bei günstigster Vorausschätzung von X die festen Kosten für $0{,}366 \cdot W$ (s. S. 31) zu tragen haben. Eine zwangsweise Festlegung der Benutzungszählereinstellung derart, daß erst bei $0{,}5 \cdot W$ Zeitzählergeschwindigkeit erreicht wird, würde ihm nur (Formel 9) $\frac{200}{0{,}5} - \frac{330}{9 \cdot 0{,}5^2} = 253\ Bst$ für den Verbrauch von $100 \cdot W$ bringen, und er müßte danach für $100 \cdot W/253$, d. s. $0{,}396 \cdot W$, die Gebühr zahlen.

Einem solchen Abnehmer ist aber schon mit Festlegung einer Gebühr in Höhe von $0{,}396 \cdot W$ sehr entgegengekommen. Er überschreitet auch bei dieser Festsetzung seine Gebührenhöhe um das $0{,}604/0{,}396 = 1{,}53$fache, ohne dafür die festen Kosten aufgerechnet zu erhalten. (Bei $A' = 0$ erreicht zwar der Konsum mit voller Benutzung des Anschlußwertes keine ins Gewicht fallende Zeitlänge, es ist aber angenommen, daß doch einmal auf ein paar Minuten diese Höhe benutzt wird.) Der Abnehmer mit $A' = 0$ nutzt die im Verfahren begründete Möglichkeit in viel stärkerem Maße aus als die Abnehmer mit

---

1)
$$\frac{18000}{66 + 3{,}3 \cdot A'} \cdot 99 = \left(\frac{200}{a} - \frac{330 + 16{,}5\,A'}{9\,a^2}\right) \cdot 100$$
$$a = 0{,}6$$
$$A_1 = \frac{420}{33} + \sqrt{\left(\frac{420}{33}\right)^2 - \frac{4992}{33}}$$
$$A_1 = \frac{420}{33} + \frac{108}{33} = \mathbf{16}$$
$$A_2 = \frac{420}{33} - \frac{108}{33} = \mathbf{9{,}45}.$$

Die Messung mit der Festsetzung $X = 0{,}6 \cdot W$ umfaßt also $^1/_3$ der ganzen Verteilungsreihe, wenn die Abweichung auf 1 % angesetzt wird.

$A' = 6$ oder $A' = 4$, die auch bei günstigst gewählter Grenze nur auf Spitzenhöhen von 1,1 und 1,27 kommen[1]).

Legt man also zwangsweise die Höhe für die Einstellung des *Bst*-Zählers höher, als das Endergebnis für richtig erweisen würde, so bedeutet die Abweichung keinen Fehler, sondern nur eine Verschärfung der Meßmethode zwecks schärferer Belastung höherer Spitzenentnahmen.

Anders ist freilich die Abweichung aufzufassen für diejenigen Konsumverteilungen bzw. Vorausschätzungen von X, bei denen die Meßdaten einen über der Vorausschätzung liegenden Wert ergeben würden. Für sie ist Abweichung und Fehler ein und dasselbe.

Ein Abnehmer mit Konsumverteilung 14, der bei günstigster Einstellung des *Bst*-Zählers auf $X = 0{,}623 \cdot W$ $\left(\frac{66 + 3{,}3 \cdot 14}{180} = 0{,}623\right)$ kommt, ist wegen seiner relativ geringen Überschreitung dieses Wertes als guter Abnehmer anzusehen. Er hat darum Anspruch auf eine *Bst*-Zähler-Einstellung, die ihm keine wesentliche Schädigung bringt.

Damit muß für die Anwendung der neuen Methode zur Bestimmung von X in Tarifen gefordert werden, daß keinem Abnehmer der *Bst*-Zähler auf eine Watthöhe eingestellt wird, die seinen Abnahmeverhältnissen nach durch das Endergebnis überschritten werden dürfte. Im Falle dem Abnehmer die Wahl derjenigen Watthöhe, bei der der *Bst*-Zähler mit Zeitzählergeschwindigkeit laufen soll, freigestellt ist, wird es sich empfehlen, durch Beispiele dem Abnehmer die Wichtigkeit einer relativ hohen Watthöhe für die Einstellung klar zu machen. Im übrigen kann in allen Fällen, in denen eine Vorausschätzung ganz unmöglich erscheint, dem Abnehmer eventuell nachträglich aus den Daten des Einstellungswertes und denen des Bst.-Zählers eine Rückvergütung gewährt werden. Dagegen erscheint es nicht angebracht, allen Konsumenten einfach den *Bst*-Zähler auf Zeitzählergeschwindigkeit bei der

---

[1]) Für $A' = 6$ ist $a = \frac{66 + 3{,}3 \cdot 6}{180} = 0{,}476$; $\frac{0{,}524}{0{,}476} = 1{,}1$.

Für $A' = 4$ ist $a = \frac{66 + 3{,}3 \cdot 4}{180} = 0{,}44$; $\frac{0{,}56}{0{,}44} = 1{,}27$.

Watthöhe gleich Anschlußwert einzustellen. Denn dadurch werden die Mehrbelastungen der Spitzen zu groß, und demgemäß verwischen sich die Unterschiede zwischen den Konsumverteilungen 0 bis 20. Es berechnet sich bei dieser Einstellung für den Verbrauch von 100 Stunden mal W die Benutzungsstundenzahl nach Formel 9 mit $\frac{200}{1} - \frac{330}{9} = 163$ für $A = 0$, und mit $\frac{200}{1} - \frac{330}{9} - \frac{16{,}5 \cdot 20}{9} = 125$ für $A = 20$. Die ganze Abstufung der Gebührenhöhe wäre also 125/163, d. i. 1 : 1,3, was keineswegs den Verhältnissen entspricht.

Die im Tarife zugelassene Mindesthöhe für die Bst.-Zähler-Einstellung wird von der Beurteilung der Konsumverteilungskurve 0 gegenüber der Konsumverteilungskurve 20 abhängig zu machen sein.

II. Die nach der neuen Methode gebauten Tarife.

Für die Tarifbildung nach Formel 1 kommen zwei Tarifformen in Betracht:

Benutzungsstundentarif und Gebührentarif.

A. Benutzungsstundentarif.

1. Form des Tarifs. Der zu erhebende Betrag $F \cdot X$ wird auf diejenigen kWh verteilt, die zu einer durch den Tarif festgesetzten Anzahl „i“ von den durch den Benutzungsstundenzähler gezählten „Bst“ gehören. Bei einem Gesamtverbrauche von „Y“ kWh und bei „Bst“ für diesen Verbrauch gezählten Benutzungsstunden fallen auf die „i“ Benutzungsstunden $\frac{Y \cdot i}{Bst}$ kWh. Nennt man den Preisaufschlag für die kWh „f“, so folgt

$$F \cdot X = f \cdot \frac{Y \cdot i}{Bst} \quad . \; . \; . \; . \; . \; . \; . \; . \; . \quad 13$$

Die Gesamtkosten im Jahre betragen dann gemäß Formel 1

$$K = \frac{f \cdot Y \cdot i}{Bst} + L \cdot Y.$$

Teilt man den Wert Y in die Teile $\left(\frac{Y \cdot i}{Bst}\right) + \left[\frac{Y(Bst - i)}{Bst}\right]$, so geht die Formel für K über in

$$K = \frac{f \cdot Y \cdot i}{Bst} + L\left[\frac{Y \cdot i}{Bst} + \frac{Y \cdot (Bst - i)}{Bst}\right]$$

$$\boldsymbol{K = \frac{Y \cdot i}{Bst} \cdot (f + L) + \frac{Y \cdot (Bst - i)}{Bst} \cdot L} \quad \ldots \quad 14$$

Der Tarif erhält danach den Wortlaut:

„Für die auf die ersten „i“ Benutzungsstunden fallenden Kilowattstunden ist der Preis von $(f + L)$ M/kWh und für den übrigen Verbrauch der Preis L M/kWh zu zahlen.

Die Benutzungsstundenzahl wird durch einen besonderen *Bst*-Zähler festgestellt.“

2. Festlegung der Einstellhöhe. Das Fehlen eines Zwanges für die Wahl der Einstellhöhe des *Bst*-Zählers, wie ihn die Erhebung der Gebühr für den Wattwert der Einstellhöhe ergeben würde, macht die Festlegung nach dem Anschlußwerte erforderlich.

Gemäß den Ausführungen S. 29 wird man die Einstellhöhe so wählen, daß sie über dem Werte liegt, den der Abnehmer durch seinen Verbrauch erreichen könnte.

Einen Anhalt für die Beurteilung der wahrscheinlichen Höhe gibt die nachstehende Tabelle der für die einzelnen Konsumverteilungen günstigsten Einstellhöhen.

$A' =$ 0	$a = 0{,}3666 = X$
2	0,4033
4	0,4399
6	0,4766
8	0,5133
10	0,55
12	0,5866
14	0,6233
16	0,66
18	0,6966
20	0,7333

Man wird Wohnungsinhabern die Einstellhöhe auf 0,5 oder 0,55 des Anschlußwertes festlegen. Eine Konsumverteilung von $A' > 10$ werden sie nicht haben. Ganz kleine Wohnungen

zeigen vielleicht höhere Mittelwerte wegen ihrer verhältnismäßig niedrigen Installationshöhe, aber diese Abnehmer scheiden sowieso aus, weil für sie der Tarif der Meßkosten wegen nicht in Frage kommt.

Ladeninhabern wird man vielleicht einen höheren Wert einstellen. Rechnet man damit, daß die Konsumverteilung derselben $A' = 12$ erreicht, so kann man ihnen den *Bst*-Zähler mit Zeitzählergeschwindigkeit bei 0,58 des Anschlußwertes einstellen. Da bei einer Einstellung auf 0,55 der Fehler für die Konsumverteilung $A' = 12$ nur 0,55 %[1]) beträgt, würden auch sie mit $a = 0{,}55$ befriedigt werden können, so daß diese Einstellung für die Mehrzahl aller Anschlüsse, die nicht überwiegend Kraftstrom entnehmen, geeignet erscheint.

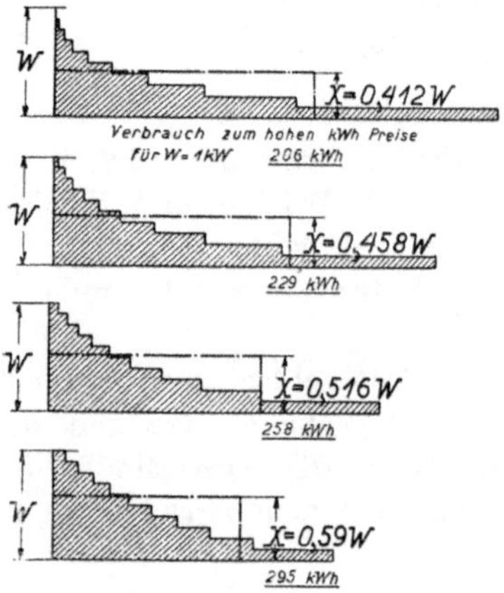

Fig. 7. Die Konsumverteilungen $A' = 0$, $A' = 4$, $A' = 8$, $A' = 12$ und die ihnen durch den Tarif gleichgestellte Entnahme mit den konstantbleibenden Entnahmehöhen X. (Der *Bst*-Zähler ist so eingestellt, daß er bei $0{,}55 \cdot W$ mit Zeitzählergeschwindigkeit läuft. Der niedrige Strompreis wird mit 500 Benutzungsstunden erreicht.) Ordinate: Entnahmehöhe. Abszisse: Zeitdauer.

3. Ergebnisse des Tarifs für die gewählten Konsumverteilungen. Fig. 7 zeigt die Werte X, die sich bei einer Einstellhöhe auf $0{,}55 \cdot W$ für die Konsumverteilungen 0 — 4 — 8 — 12 ergeben. Die eingetragenen Rechtecke mit den Höhen X haben die gleichen Flächeninhalte wie die schraffierten Konsumverteilungen. Sie verdeutlichen damit, welche Verbrauche mit konstantbleibender Watthöhe das neue Verfahren den einzelnen komplizierten Konsumverteilungen gleichstellt.

---

[1]) Nach Formel 9 S. 25 ist $Bst = \frac{200}{a} - \frac{330}{9 \cdot a^2} - \frac{16{,}5 \cdot A'}{9 \cdot a^2}$. Mit $a = 0{,}55$ ergibt sich daraus $Bst = \frac{660 - 16{,}5 \cdot A'}{2{,}7225} = 242{,}4 - 6{,}06 \cdot A'$. Daraus berechnet sich X nach Formel 2 S. 5 $X = \frac{Y}{Bst}$.

Wichtig ist für die Beurteilung des Tarifs die Feststellung, nach welchem Verbrauche der Abnehmer in den Genuß des niedrigen Preissatzes „*L*“ kommt.

Setzt man in die Gleichung 13 Seite 30 $F \cdot X = \frac{f \cdot Y \cdot i}{Bst}$ gemäß Gleichung 2 für X den Wert „Y/Bst“ ein, so ergibt sich $\frac{F \cdot Y}{Bst} = \frac{f \cdot Y \cdot i}{Bst}$, also $F = f \cdot i$. Diesen Wert von F in die Gleichung 13 eingesetzt, folgt $f \cdot i \cdot X = \frac{f \cdot Y \cdot i}{Bst}$. Nach Herausheben von f ergibt sich für die zum hohen kWh-Preise zu bezahlende Anzahl von $\left(\frac{Y \cdot i}{Bst}\right)$ kWh $\frac{Y \cdot i}{Bst} = i \cdot X$.

Unter Annahme von „i“ 500 und einem Anschlußwerte $W = 1$ kW ergeben sich die in Fig. 7 eingetragenen Angaben.

Um die in der Wahl der Konsumverteilungsreihe I liegende Bindung aufzuheben, sind aus der Konsumverteilung $A' = 0$ dieser Verteilungsreihe drei neue Verteilungsreihen gebildet. Es sind zu dem durch die Konsumverteilung $A' = 0$ gekennzeichneten Verbrauche 10 — 30 — 50% hinzugefügt, und zwar bei Konsumverteilungsreihe II 10%, bei III 30% und bei IV 50%. Die hinzugefügten Konsummengen sind dabei entweder auf die Stufe 1 W oder 0,7 W — 0,4 W — 0,1 W gelegt.

Fig. 8^{1-2-3} zeigt die Konsumverteilungsreihen II, III und IV mit den Werten X bzw. den den einzelnen Konsumverteilungen gleichgesetzten Rechtecken. (Um den Vergleich der Figuren 7, 8^1, 8^2 und 8^3 zu erleichtern, sind die Maßstäbe für

---

Für $A' = 0$ ist $X = \frac{100 \cdot W}{242{,}4} = 0{,}412 \cdot W$.

„ $A' = 4$ „ $X = \frac{100 \cdot W}{242{,}4 - 6{,}06 \cdot 4} = \frac{100 \cdot W}{218{,}18} = 0{,}458 \cdot W$.

„ $A' = 8$ „ $X = \frac{100 \cdot W}{242{,}4 - 6{,}06 \cdot 8} = \frac{100 \cdot W}{194{,}94} = 0{,}516 \cdot W$.

„ $A' = 12$ „ $X = \frac{100 \cdot W}{242{,}4 - 6{,}06 \cdot 12} = \frac{100 \cdot W}{170{,}70} = 0{,}59 \cdot W$.

Da bei der Konsumverteilung 12 nach S. 31 $X = 0{,}5866$ erreichbar gewesen wäre, beträgt der Fehler $\frac{0{,}59 - 0{,}5866}{0{,}5866} = 0{,}55\%$.

die Zeitdauern verschieden gewählt und zwar so, daß in allen diesen Figuren die Flächeninhalte der Konsumverteilungs-

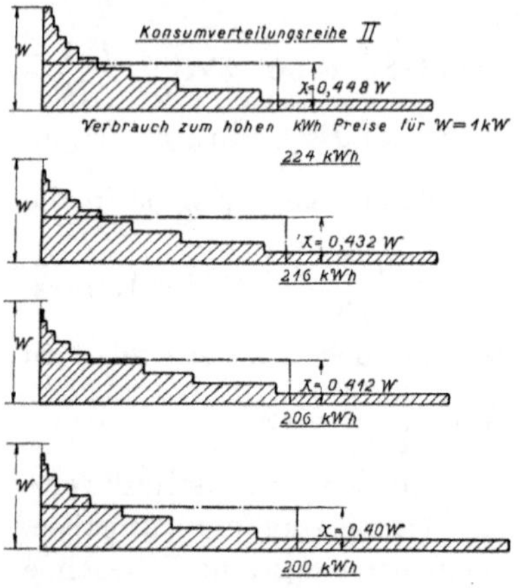

Fig. 8[1].

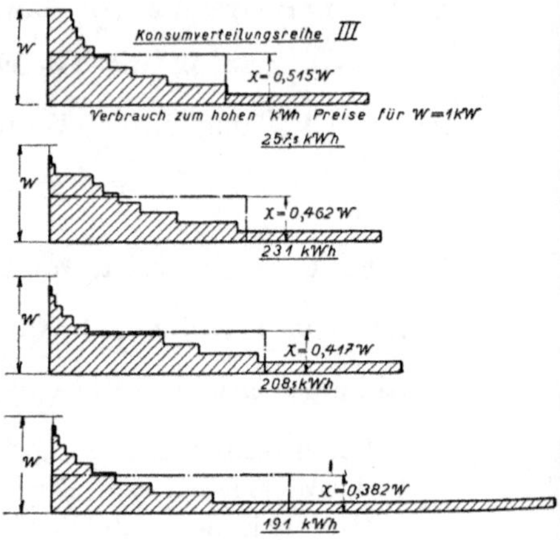

Fig. 8[2].

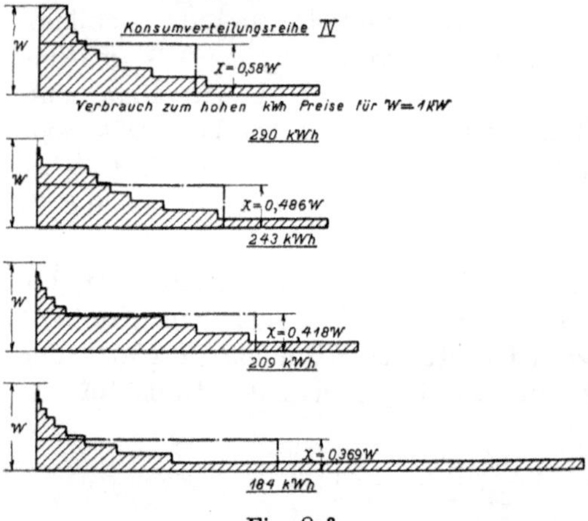

Fig. 8.[3]

Fig. 8[1—3]. Die Konsumverteilungen der Konsumverteilungsreihen II, III, IV und die ihnen durch den Tarif gleichgestellte Entnahme mit den konstantbleibenden Entnahmehöhen X. (Der *Bst*-Zähler ist so eingestellt, daß er bei $0{,}55 \cdot W$ mit Zeitzählergeschwindigkeit läuft. Der niedrige Strompreis wird mit 500 Benutzungsstunden erreicht.)
Ordinate: Entnahmehöhe.
Abszisse: Zeitdauer.

darstellungen gleichgroß sind[1]).

Es muß dem Augenschein überlassen werden, wieweit die eingetragenen Rechtecke den komplizierten Figuren gleich-

[1]) Stundenzahlen der Benutzungsdauer für den Verbrauch von 110 W — 130 W — 150 W bei Zuschlag der 10 W — 30 W — 50 W auf die Stufen 1 W — 0,7 W — 0,4 W — 0,1 W.

gestellt werden können. Eine zahlenmäßige Kontrolle ist unmöglich, da die dem Werke bei schwankenden Entnahmehöhen verursachten festen Kosten sich nicht feststellen lassen.

(Siehe die Stundenzahlen der Konsumverteilung I $A' = 0$ S. 23 Anm. 1.)

Stufe	1 *W*	0,9 *W*	0,8 *W*	0,7 *W*	0,6 *W*	0,5 *W*	0,4 *W*	0,3 *W*	0,2 *W*	0,1 *W*
Zuschlag **10 *W***					Stunden					
auf 1 *W*	10	2,47	5,5	9,5	14,8	22,2	33,3	51,7	88,8	200
〃 0,7 *W*	0	〃	〃	23,8	〃	〃	〃	〃	〃	〃
〃 0,4 *W*	〃	〃	〃	9,5	〃	〃	58,3	〃	〃	〃
〃 0,1 *W*	〃	〃	〃	〃	〃	〃	33,3	〃	〃	300
Zuschlag **30 *W***										
auf 1 *W*	30	2,47	5,5	9,5	14,8	22,2	33,3	51,7	88,8	200
〃 0,7 *W*	0	〃	〃	52,4	〃	〃	〃	〃	〃	〃
〃 0,4 *W*	〃	〃	〃	9,5	〃	〃	108,3	〃	〃	〃
〃 0,1 *W*	〃	〃	〃	〃	〃	〃	33,3	〃	〃	500
Zuschlag **50 *W***										
auf 1 *W*	50	2,47	5,5	9,5	14,8	22,2	33,3	51,7	88,8	200
〃 0,5 *W*	0	〃	〃	81	〃	〃	〃	〃	〃	〃
〃 0,4 *W*	〃	〃	〃	9,5	〃	〃	158,3	〃	〃	〃
〃 0,1 *W*	〃	〃	〃	〃	〃	〃	33,3	〃	〃	700

Geschwindigkeiten des *Bst*-Zählers bei Einstellung auf Zeitzählergeschwindigkeit bei der Watthöhe 0,55 W

Stufe 1 *W*	0,7 *W*	0,4 *W*	0,1 *W*
$\frac{1}{0{,}55}\left(2-\frac{1}{0{,}55}\right)$	$\frac{0{,}7}{0{,}55}\left(2-\frac{0{,}7}{0{,}55}\right)$	$\frac{0{,}4}{0{,}55}\left(2-\frac{0{,}4}{0{,}55}\right)$	$\frac{0{,}1}{0{,}55}\left(2-\frac{0{,}1}{0{,}55}\right)$
$V =$ **0,328**	**0,928**	**0,928**	**0,328**

Zeitdauer auf den Stufen für den Verbrauch von 10 Stunden mal *W*

10	14,4	25	100

Bei 110 *W* Konsum mehr gezählte *Bst* gegenüber dem Verbrauch von 100 *W*

3,28	13,2	23,2	32,8

Die *Bst*-Zahl für den Verbrauch von 100 *W* beträgt bei der Einstellhöhe 0,55 *W* und $A' = 0$ nach Anm. 1 S. 32 $Bst = 242{,}4$.

Damit ergeben sich für den Verbrauch von 110 *W* bei dem Zuschlag der 10 W auf den einzelnen Stufen folgende *Bst*:

1 *W*	**0,7 *W***	**0,4 *W***	**0,1 *W***
$245{,}7 = 242{,}4 + 10 \cdot 0{,}328$	$255{,}6 = 242{,}4 + 14{,}3 \cdot 0{,}928$	$267{,}6 = 242{,}4 + 25 \cdot 0{,}928$	$275{,}2 = 242{,}4 + 100 \cdot 0{,}328$

Für den Verbrauch von 130 W ergeben sich an *Bst*

252,2	282	312	340,8

4. Beurteilung der Ergebnisse des Tarifs an Hand einfacher Konsumverteilungen. Nur bei Abnehmern, die mit konstanter Watthöhe ihren Bedarf entnehmen, sind die dem Werke verursachten festen Kosten feststellbar. Für diese Abnehmer läßt sich die Genauigkeit des neuen Verfahrens nachprüfen.

Bedenkt man, daß das Hallesche Verfahren für diese Abnehmer die richtigen Daten von X ergibt, da bei ihm die Zeitdauer festgestellt wird, und damit der Wert $X = Y/$Zeitdauer bei $Y = X \cdot Z$ als Resultat X ergeben muß, daß aber das Hallesche Verfahren bei jeder Konsumverteilung auf verschiedene Watthöhen versagt, so wird man vom neuen Verfahren, das gerade den Konsumverteilungen mit wechselnder Watthöhe gerecht werden soll, für Abnehmer mit konstant bleibender Watthöhe keine Richtigkeit auf dem ganzen Meßgebiete verlangen können.

Ein Abnehmer, der bei der Einstellung des *Bst*-Zählers auf 0,55 W mit dieser Watthöhe dauernd arbeitet, erhält als *Bst* die Stundenzahl der Anschlußbenutzung, die Benutzungsdauer, gezählt und zahlt daher genau die richtige Gebührenhöhe. Der Abnehmer, der eine konstante Watthöhe von 4 — 8 — 12 — 16% unter 0,55 W hat, erhält um 0,16 — 0,64 —

Für den Verbrauch von 150 W ergeben sich

258,8	308,8	358,4	406,4

Daraus ergeben sich die Werte X

$\frac{110\,W}{245{,}7} = 0{,}448\,W$ $\quad \frac{110\,W}{255{,}6} = 0{,}432\,W$ $\quad \frac{110\,W}{267{,}6} = 0{,}412\,W$ $\quad \frac{110\,W}{275{,}2} = 0{,}4\,W$

$\frac{130\,W}{252{,}2} = 0{,}515\,W$ $\quad \frac{130\,W}{282} = 0{,}462\,W$ $\quad \frac{130\,W}{312} = 0{,}417\,W$ $\quad \frac{130\,W}{340{,}8} = 0{,}382\,W$

$\frac{150\,W}{258{,}8} = 0{,}58\,W$ $\quad \frac{150\,W}{308{,}8} = 0{,}486\,W$ $\quad \frac{150\,W}{358{,}4} = 0{,}418\,W$ $\quad \frac{150\,W}{406{,}4} = 0{,}369\,W$

Den niedrigen Strompreis erreichen die Abnehmer nach einem Verbrauch von

224 *W*	216 *W*	206 *W*	200 *W*
257 *W*	231 *W*	208 *W*	191 *W*
290 *W*	243 *W*	209 *W*	184 *W*

1,44 — 2,56 %[1]) weniger *Bst* gezählt als er Zeitstunden Benutzungsdauer hat und zahlt daher um diese Prozentsätze mehr als theoretisch richtig ist. Die Mehrbelastung ist verhältnismäßig gering. Eine Ungerechtigkeit bedeutet sie nicht. Denn wenn man jemand die Benutzung des ganzen Anschlußwertes freigibt, den er doch, wenn auch nur auf wenige Minuten, einmal einschalten wird, so ist eine Mehraufrechnung der wenigen Prozente dafür durchaus angemessen. Ja, man wird eher geneigt sein, diesen Aufschlag für zu gering anzusehen.

5. Zahlenmäßige Festlegung der Werte für den neuen Tarif. Für die zahlenmäßige Bestimmung der Werte f und i im Tarife gilt folgendes.

Will das Werk für das kW Werksleistung an festen Kosten 170 M. pro Jahr erzielen, so wird $f \cdot i = 170$ M. (s. Seite 33 $F = f \cdot i$). Setzt man $i = 500$ an, so ergibt sich $f = 0{,}34$ M./kWh. Die auf die ersten 500 *Bst* fallenden kWh kosten bei einem laufenden kWh-Preise von 6 Pf., $34 + 6 = 40$ Pf., der Rest 6 Pf.

6. Andere Formulierung des Tarifs. Der *Bst*-Tarif läßt sich noch anders formen. Man kann ihn als Tarif mit einem nach der *Bst*-Zahl fallenden kWh-Preise ausführen, was neben der leichteren Verrechnung vielleicht auch leichter verständlich ist.

Dividiert man die obenstehende Gleichung durch Y und setzt man die Gesamtkosten gleich Y mal einem zu bestimmenden kWh-Preis L' M./kWh, so folgt

$$\boldsymbol{K/Y = L' = \frac{f \cdot i}{Bst} + L} \qquad \ldots\ldots \quad 15$$

Der Tarif erhält danach den Wortlaut:

„Für die kWh beträgt der Preis bis zur Erreichung von „i" *Bst* $(f + L)$ M./kWh, bei einer Anzeige des *Bst*-Zählers über

---

[1]) Abweichung der *Bst*-Zählergeschwindigkeit von der Zeitzählergeschwindigkeit bei einem Abweichen der Entnahmewatthöhe von der Einstellwatthöhe um 4 — 8 — 12 — 16 %.

$$V = \frac{E \cdot J}{aW}\left(2 - \frac{E \cdot J}{aW}\right) \qquad E \cdot J = 0{,}96\ aW \quad 0{,}92\ aW \quad 0{,}88\ aW \quad 0{,}84\ aW$$

4 %	0,96 (2 — 0,96) = 0,9984	Abweichung	0,16 %
8 %	0,92 (2 — 0,92) = 0,9936	„	0,64 %
12 %	0,88 (2 — 0,88) = 0,9856	„	1,44 %
16 %	0,84 (2 — 0,84) = 0,9744	„	2,56 %

„i" stuft sich der kWh-Preis für den ganzen Verbrauch nach untenstehender Tabelle ab"[1]).

Nach den obigen Zahlendaten würden also bis zur Anzeige von 500 *Bst* 40 Pf. für die kWh erhoben werden. Bei 510 *Bst* $\frac{34 \cdot 500}{510} + 6$ usw.

Es tritt bei dieser Form des *Bst*-Tarifs der Preissprung nicht scharf hervor; insofern ist diese Form weniger gut.

7. Vergleich des neuen Tarifs mit älteren Tarifen. Ein Vergleich der Ergebnisse des neuen Tarifs mit älteren Tarifen anderen Aufbaus ist zu sehr abhängig von den beim neuen Tarife gewählten Daten für f, i und L, als daß man demselben wesentliches Gewicht beilegen könnte. Setzt man den Betrag von $f \cdot i$ hoch an, d. h. glaubt man, daß die neue Meßmethode einen so starken Druck auf die Abnehmer ausüben wird, daß der Ausgleich in dem Werke zu einem Belastungsfaktor von 30 oder mehr Prozent führt, so werden sich Verkaufspreise herausrechnen lassen, die jede Konkurrenz — Kochgas usw., Selbsterzeugung des Stromes — schlagen. Setzt man relativ niedrige Beträge an festen Kosten an, in der Befürchtung, der Ausgleich möchte den Belastungsfaktor nicht wesentlich verbessern helfen, so werden die Daten nicht für den neuen Tarif einnehmen können.

Was andererseits der neue Tarif mehr leistet als ein sich auf dem Anschlußwerte aufbauender Gebühren- oder *Bst*-Tarif, bedarf nicht der zahlenmäßigen Erläuterung. Ebensowenig benötigt der Vergleich mit dem O. E. W.-Tarif eine rechnerische Durchführung, weil Vorteile und Nachteile des einen und anderen klar vor Augen liegen.

---

[1]) $L = 6$ Pf. $f = 34$ Pf. $\left(L' = \frac{34 \cdot 500}{Bst} + 6\right)$

Benutzungsstundenzahl	kWh-Preis Pf.	Benutzungsstundenzahl	kWh-Preis Pf.
500	40	600	34,33
510	39,38	. . . .	
520	38,7	700	30,3
530	38,1	. . . .	
540	37,5	800	27,25
550	36,9	. . . .	
560	35,4	900	24,90
570	35,9	. . . .	
580	35,3	1000	23
590	34,8		

8. Die Verständlichmachung des neuen Tarifs. Gegen den neuen Tarif — im Vergleich mit den Tarifen, bei denen die Gebühr nach dem Anschlußwerte erhoben wird — sprechen die höheren Meß- und Verrechnungskosten, und der Umstand, daß er schwerer verständlich ist. Für ihn spricht die Besserung der Werksarbeit, und die damit ermöglichte Herabsetzung des kWh-Preises.

Dem O. E. W.-Tarif gegenüber hat der neue Tarif den Vorteil der Verwendbarkeit für Konsumenten mit stärkeren Entnahmeschwankungen und der geringeren Zählerkosten. Er steht ihm nach bezüglich Verständlichkeit und Konkurrenzfähigkeit des Strompreises.

Bezüglich der Verständlichkeit des neuen Tarifs ist zweierlei zu unterscheiden.

Es ist nicht schwer, einem Abnehmer klarzumachen, daß der Strom für ihn um so billiger wird, mit je kleineren Watthöhen er seinen Bedarf deckt, weil die Zentrale dann nicht so groß sein muß, als wenn er kurzzeitig mit hohen Stromstärken arbeitet. Der Abnehmer wird also die Grundidee des neuen Tarifs leicht fassen.

Schwieriger ist es, einem Abnehmer das Zustandekommen der Anzeige des *Bst*-Zählers und deren Verwertung im Tarife klarzumachen. Immerhin werden Beispiele in kleiner Zahl genügen, um hierfür Verständnis zu schaffen. Man könnte zu diesem Zwecke neben den Lieferungsbedingungen in obiger Form (Seite 37) folgendes angeben:

1. Wenn der Abnehmer immer gleichzeitig alle seine Lampen, z. B. 10 Stück, einschaltet, so muß er 1520 Stunden lang brennen, ehe er den niedrigen Strompreis erreicht. Er hat also „15200“ Lampenbrennstunden teuer zu bezahlen. Schaltet er immer nur $^7/_{10}$ seiner Lampen, also 7 Lampen, gleichzeitig ein, so erreicht er den niedrigen Strompreis bereits nach 540stündiger Benutzung der 7 Lampen; er hat also nur 3780 Lampenbrennstunden teuer zu bezahlen. Brennt er nur 1 Lampe, also den zehnten Teil seiner Lampen, so erreicht er den billigen Preis nach 1520 Stunden, also hat er nur 1520 Lampenbrennstunden teuer zu bezahlen. Bei abwechselndem Brennen von vielen und wenigen Lampen ergeben sich um so mehr teuere Lampen-

brennstunden, je länger der Abnehmer viele Lampen gleichzeitig einschaltet[1]).

2. Für das Brennen von allen Lampen (z. B. 10 Lampen) wird für jede Brennstunde eine *Bst*-Zahl von 0,328 *Bst* erreicht. Der Abnehmer muß also bei einem Verbrauche von 25 Wattstunden für die Lampenbrennstunde $10 \cdot 25 = 250$ Wattstunden entnehmen, um 0,328 *Bst* gezählt zu bekommen. Für das Brennen von $^7/_{10}$ seiner Lampen (also 7 Lampen) wird für jede Brennstunde eine *Bst*-Zahl von 0,926 *Bst* erreicht. Es bringt dann also die Entnahme von $7 \cdot 25 = 175$ Wattstunden dem Abnehmer eine *Bst*-Zahl von 0,926 *Bst* ein. Brennt er aber nur $^1/_{10}$ seiner Lampen gleichzeitig, so erhält er für jede Stunde des Brennens eine *Bst*-Zahl von 0,328 gezählt. Er erhält also für diese $1 \cdot 25 = 25$ Wattstunden 0,328 *Bst* gezählt.

Schließlich ist es Auffassungssache, was man für leicht verständlich hält und was man für schwer verständlich hält. Wenn man den Wrightschen Tarif für schwer verständlich anspricht, wird man den neuen Tarif für sehr schwer verständlich ansehen. Andererseits wird die Zahl derer nicht gering sein, die den Zeitzählertarif, dessen Aufbau ja sehr einfach ist, darum nicht verstehen können, weil sie seinen inneren Aufbau für unverständlich ansehen[2]).

---

[1]) Bei einer Einstellung des *Bst*-Zählers auf Zeitzählergeschwindigkeit bei 0,55 *W* läuft der *Bst*-Zähler bei Einschaltung vom ganzen Anschlußwerte mit

$$V = 1/0{,}55\,(2 - 1/0{,}55) = 1{,}82 \cdot 0{,}18 = 0{,}328.$$

Bei Einschaltung von $^7/_{10}$ des Anschlußwertes hat er

$$V = 0{,}7/0{,}55\,(2 - 0{,}7/0{,}55) = 1{,}27 \cdot 0{,}73 = 0{,}926.$$

Bei Einschaltung nur von $^1/_{10}$ ist

$$V = 0{,}1/0{,}55\,(2 - 0{,}1/0{,}55) = 0{,}182 \cdot 1{,}818 = 0{,}328.$$

Um 500 Benutzungsstunden zu erreichen, muß der Abnehmer $(500/V)$ Zeitstunden lang brennen, also $500/0{,}328 = 1520$ Stunden, $500/0{,}926 = 540$ Stunden.

Es gehören danach bei $W = 10$ Lampen zur Erreichung dieses Zieles $1520 \cdot 10 = 15200$ oder $540 \cdot 7 = 3780$ oder $1520 \cdot 1 = 1520$ Lampenbrennstunden.

[2]) Gruber nennt ETZ 08, Seite 334, bei der Besprechung des Zeitzählertarifs den Wrightschen Tarif unverständlich. Jung behauptet, daß der Zeitzählertarif leicht verständlich ist (Seite 65). Jedem, der auf den Grund sehen will, wird es unverständlich sein, warum man in den

Im übrigen haben heute bereits viele Werke Auskunftsstellen errichtet, auf denen die Abnehmer über die Wahl der für sie gerade passenden Tarife unterrichtet werden. Daß es im mündlichen Verkehr Schwierigkeiten machen kann, jemand den Aufbau des neuen Tarifs klarzulegen, wird man bezweifeln. Auch darf man das Beweismittel „leichte Verständlichkeit“ nicht überschätzen, denn dann hört aller Fortschritt — der sich doch auf Zunahme des Verstehenkönnens stützen wird — einfach auf.

9. Die Meß- und Verrechnungskosten des neuen Tarifs. Die Meß- und Verrechnungskosten liegen höher als beim einfachen Zählertarif und niedriger als beim O. E. W.-Tarif. Da der Preis für einen Zähler mit *Bst*-Zähler ungefähr um 10 bis 20 M. über den Preis eines einfachen kWh-Zählers hinausgeht, erhöhen sich die Jahresunkosten für Verzinsung, Tilgung und Abschreibung um 1,50 bis 3 M. (15 %). Die Ausstellung der Rechnungen und das Ablesen der Zähler wird sich um ca. 50 % höher stellen als beim einfachen Zählertarif. Nimmt man monatliche Ablesung und Verrechnung an — heutzutage hat man freilich durchweg bereits 2- bis 3 monatliche Ablesung und Verrechnung —, so kommen ca. 75 Pf. für den Zähler hinzu. Insgesamt betragen dann die Mehrkosten jährlich 2,25 M. bis 3,75 M. Nimmt man die Ventschen Zahlen als maßgebend an, so beträgt die Mehraufwendung für diese Zwecke nur 27 bis 35 %. Hält man sich an die Daten von Lulofs — 9,3 % für Verzinsung usw. — so ergibt sich eine noch geringere Steigerung[1]).

Daß man erst beim Jahresschluß die endgültige Rechnung aufstellen kann, hat der neue Tarif gemein mit zahlreichen anderen Tarifen, es ist darüber also nichts besonderes zu sagen.

Monaten April bis etwa September (Seite 110) die Höhe bzw. Länge des Stromverbrauchs kontrolliert, sie aber in den Monaten der Spitzengefahr unkontrolliert läßt. Daß dieser Tarif sich erst infolge des Nichtanklangfindens des Zeitzählertarifs mit Kontrolle über das ganze Jahr ergeben hat, macht wohl sein Zustandekommen klar, aber darum wird das Tarifsystem selbst nicht verständlich (Seite 64 und 63).

[1]) Vent, Essen. Untersuchungen über die Kosten der Strommessung und Verrechnung, sowie ihr Verhältnis zur Stromeinnahme bei Kleinabnehmern. Seite 8 bis 12 gibt Vent die Berechnung für die Jahresunkosten für einen Zähler. Die Daten von Lulofs stehen in der gleichen Veröffentlichung Seite 46.

10. Zusammenfassung. Faßt man alles zusammen, so ergibt sich folgendes Gesamtresultat:

Der *Bst*-Tarif ermöglicht eine Anpassung der Jahresrechnung an die Unkosten des Werks auch für Abnahmeverhältnisse, wie sie bei Nichtgewerbetreibenden vorkommen. Er übt einen starken Druck zur Verbesserung der Entnahmeverhältnisse aus. Er ist schwerer verständlich als die bisher bekannt gewordenen Tarife. Seine Meß- und Verrechnungskosten liegen um 20 bis 40% höher als beim einfachen Zählertarif, also ungefähr so hoch wie beim Doppeltarif[1]).

B. Gebührentarif.

Die Bezahlung der festen Kosten $X \cdot F$ in Gestalt einer Gebühr kann am Jahresschluß erfolgen, nachdem X aus den Meßdaten gemäß der Formel $X = Y/Bst$ bestimmt ist.

Gegenüber dem oben besprochenen Benutzungsstundentarif bietet ein so gebauter Gebührentarif keine Vorteile. Im Gegenteil. Er ist demselben erheblich unterlegen.

Erstens verlangt er stets die Bezahlung der vollen Summe $X \cdot F$, also auch von dem Abnehmer, der infolge ganz mini-

---

[1]) Der *Bst*-Zähler muß so eingestellt sein, daß die Einstellhöhe mindestens so hoch liegt wie die voraussichtliche mittlere Benutzungshöhe. Die Einstellhöhe kann für die verschiedenen Abnehmerklassen verschieden festgesetzt werden, z. B. für Wohnungsinhaber auf 0,55 des Anschlußwertes. Mit einer Einstellhöhe von 0,7 des Anschlußwertes wird man auch solchen Abnehmern gerecht werden, die fast durchweg mit voller Einschaltung ihres Anschlußwertes ihren Bedarf decken. Die ganze Variation von a beträgt damit 0,7 gegen 0,55. Halle hatte beim Zeitzählertarif die Auslösehöhe zwischen 8,3% und 40,5% des Anschlußwertes variiert. Im übrigen ergibt sich für einen Abnehmer, der die höchste *Bst*-Zahl bei $a = 0{,}7$ erhalten würde, bei Zwangseinstellung auf $a = 0{,}55$ folgender Fehler.

$a = 0{,}7$ entspricht nach Gleichung 10, Seite 26, einem Werte A' $\left[\text{gemäß } 0{,}7 = \frac{66 + 3{,}3\,A'}{180}\right]$ von $A' = 18$.

Für $A' = 18$ ist $Bst_{max} = \frac{18000}{66 + 3{,}3\,A'}$ (Gl. 11, Seite 27) $= 143$ und

$$Bst \text{ (bei } a = 0{,}55) = \frac{200}{0{,}55} - \frac{330}{9 \cdot 0{,}55^2} - \frac{16{,}5 \cdot A'}{9 \cdot 0{,}55^2} = 133$$

$$\frac{143 - 133}{143} = 7\,\%\ \text{Fehler.}$$

malen Verbrauchs dem Werke nur geringe Unkosten verursacht hat. Beim *Bst*-Tarif wird erst dann der volle Betrag $X \cdot F$ erhoben, wenn der Abnehmer die vorgeschriebene Anzahl „*i*“ Benutzungsstunden erreicht hat (siehe Anm. 1, S. 1 und S. 30).

Zweitens ist die psychologische Wirkung des Gebührentarifs nicht entfernt so groß, wie diejenige des Benutzungsstundentarifs. Die scharfe Preisherabsetzung für die kWh beim *Bst*-Tarif prägt sich dem Abnehmer besser ein und bleibt in ihm lebendiger als die Bestimmung über das Zustandekommen der Gebührenhöhe. Ferner wird der Abnehmer durch den Umstand, daß eine Benutzungsstundenzahl als ausschlaggebender Faktor für die Preisherabsetzung genannt wird, immer daran erinnert, daß die Länge der Benutzung die Hauptrolle spielt. Der Abnehmer hat beim *Bst*-Tarif ein klares Ziel vor sich, auf das er hinarbeiten kann, er will die „*i*“ Benutzungsstunden überschreiten; ein solches Ziel fehlt beim Gebührentarif.

Soll die Gebühr eine Vorauszahlung ergeben, so muß dieselbe von derjenigen Wattzahl erhoben werden, auf die der *Bst*-Zähler eingestellt ist (d. h. bei der er mit Zeitzählergeschwindigkeit läuft). Nach dem neuen Meßverfahren müßte man dann diese Gebührenhöhe korrigieren. Es wird am Ende des Jahres der Wert X nach der Formel $X = Y/Bst$ aus den Meßdaten berechnet und durch Nach- oder Rückzahlung die Differenz gegenüber der Vorauszahlung ausgeglichen.

Diese Tarifform hat folgende Vorteile:

Die Vorauszahlung ist für das Werk wirtschaftlich von Vorteil.

Wird von der Einstellhöhe des *Bst*-Zählers die Gebühr erhoben, so kann dem Abnehmer gestattet werden, die Einstellhöhe selbst zu wählen. Damit gewinnt der Tarif Gültigkeit für alle Konsumverteilungen, während bei zwangsweiser Festlegung der Einstellhöhe durch das Werk für die verschiedenen Konsumentengruppen verschieden hohe Einstellhöhen vorgeschrieben werden müssen. Auch fallen Streitigkeiten zwischen Werk und Abnehmer, die infolge der zwangsweisen Festlegung der Einstellhöhe sich ergeben würden, bei dieser Ordnung fort.

Diesen Vorteilen des Gebührentarifs, aufgebaut auf Erhebung der Gebühr nach der Einstellhöhe, stehen die schon oben angegebenen Nachteile jedes Gebührentarifs gegenüber.

Dazu kommt dann noch die Mißlichkeit des Nach- oder Zurückzahlens.

Der Gebührentarif wird also auch in dieser zweiten Form mit dem Benutzungsstundentarif nicht in Wettbewerb treten können.

C. Gebühren-Benutzungsstunden-Tarif.

Die Vorteile der beiden Tarifformen, Gebührentarif und Benutzungsstundentarif (die freie Wahl der Einstellhöhe durch den Abnehmer, die Vorauszahlung eines Teils der Jahresrechnung und die starke psychologische Wirkung) bietet folgende Vereinigung des Gebührentarifs mit dem Benutzungsstundentarif.

Die festen Kosten $F \cdot X$ werden in zwei Teilen erhoben. Ein Teil wird als vorausbezahlte Gebühr für die Einstellhöhe des *Bst*-Zählers erhoben, den zweiten Teil zieht das Werk nach einem Benutzungsstundentarif ein.

Damit erhält der Tarif folgende Form:

„Der Abnehmer zahlt als feste Gebühr zu Beginn jedes Rechnungsjahres für den Teil seines Anschlusses, den er überwiegend in Benutzung nehmen wird, eine Gebühr von „*d*“ M./kW. Die Entscheidung, welchen Teil des Anschlußwertes er überwiegend in Anspruch nehmen wird, bleibt ihm überlassen. Der Preis für die kWh besträgt für die auf die ersten „*i*“ Benutzungsstunden entfallende Entnahme „*e*“ M./kWh; der übrige Stromverbrauch kostet „*f*“ M./kWh.

Die Benutzungsstundenzahl wird durch einen besonderen Benutzungsstundenzähler festgestellt. Derselbe verzeichnet dann 1 Benutzungsstunde, wenn der Abnehmer 1 Stunde lang den Teil seines Anschlußwertes eingeschaltet hat, für den er die Gebühr bezahlt hat. Für den gleichen Verbrauch an kWh zählt ihm der *Bst*-Zähler mehr als 1 *Bst*, wenn er weniger eingeschaltet hat; dagegen zählt er ihm weniger als 1 *Bst*, wenn er mehr eingeschaltet hat. Dabei ist die Zählung so abgestuft, daß bei kleinster Einschaltung für diesen Verbrauch 2 *Bst* gezählt werden, daß aber bei einer Einschaltung von Verbrauchsgegenständen, die doppelt soviel Strom brauchen, als der Abnehmer für die Gebührenhöhe angegeben hat, gar keine *Bst* gezählt werden.“

Wird für 1 kW Einstellhöhe F' und im Benutzungsstundentarif für 1 kW F'' M./Jahr erhoben und bezeichnet man die Einstellhöhe mit X' und den aus der Formel $Y/Bst = X$ bestimmten Wert X mit X'', so teilen sich die festen Kosten $F \cdot X$ in $F' \cdot X' + F'' \cdot X''$.

Hat man mit der Einstellhöhe den richtigen Wert X vorausgeschätzt, so ist $X = X' = X''$. Damit ergibt sich für F' und F'' aus $X \cdot F = X' \cdot F' + X'' \cdot F''$ die Bedingungsgleichung:

$$\boldsymbol{F = F' + F''} \quad \ldots\ldots\ldots \quad 16$$

Je größer der Anteil F' an F bemessen wird, um so geringer ist der Einfluß der Meßdaten, das heißt von X''. Dabei darf jedoch nicht vergessen werden, daß X'' und X' voneinander abhängig sind. Es ist also mit der Teilung der gesamten festen Kosten in zwei Teile, von denen nur der eine unmittelbar von den Meßergebnissen abhängig ist, keineswegs eine Abschwächung der Beurteilungsschärfe gegeben.

Grade beim Benutzungsstundentarif wurde durch den Zwang, eine reichlich hohe Einstellhöhe festzulegen, die Gebührenhöhe für die Konsumverteilung $A = 0$ über den Wert $X = 0{,}366$, der sich bei günstigst gewählter Einstellhöhe ergeben hätte (s. S. 28 und 31), erhöht und damit die Spannung zwischen X für $A = 0$ und X für $A = 12$ gemildert. Diese Milderung fällt jetzt bei der freien Wahl der Einstellhöhe fort.

Immerhin wird man F' nicht höher ansetzen, als die Freistellung der Wahl der Einstellhöhe wünschenswert erscheinen läßt, da die Abnehmer sowieso geneigt sein werden, X' nach Möglichkeit niedrig anzugeben und zu niedrige Werte von X' Fehler in das Gesamtresultat hereinbringen (s. S. 29).

Über die Verteilung von F auf F' und F'' gibt folgendes Aufschluß:

Fig. 9 zeigt, welche Werte sich für X aus der Formel $X = Y/Bst$ bei den verschiedenen Einstellhöhen $a \cdot W = 0{,}3 \cdot W$ — $0{,}4 \cdot W$ — $0{,}5 \cdot W$ — $0{,}6 \cdot W$ — $0{,}7 \cdot W$ für die Konsumverteilungen von $A' = 0$ bis $A' = 20$ ergeben[1]). (Die gemeinschaft-

[1]) Für $Y = 100 \cdot W$ werden nach Formel 9 S. 25 gezählt:

$$Bst = \frac{200}{a} - \frac{330}{9 \cdot a^2} - \frac{16{,}5 \cdot A'}{9 \cdot a^2}.$$

liche Tangente an die Kurven entspricht den Niedrigstwerten von X, siehe S. 27, Formel 12.)

Erhebt man $F' = 1/4 \cdot F$ im voraus und verrechnet man $F'' = 3/4 \cdot F$ im Benutzungsstundentarif, so geht Fig. 9 über in Fig. 10.

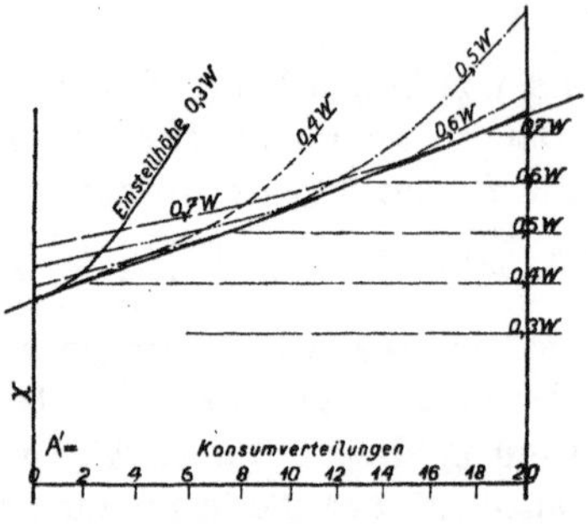

Fig. 9. Werte von X für die Konsumverteilungen $A'=0$ bis $A'=20$ bei verschiedenen Einstellhöhen ($0,3 \cdot W$ — $0,4 \cdot W$ — $0,5 \cdot W$ — $0,6 \cdot W$ — $0,7 \cdot W$). Ordinate: X. Abszisse: Konsumverteilung.

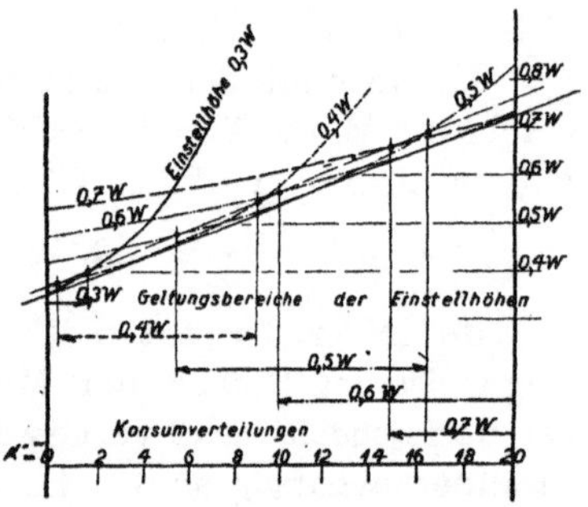

Fig. 10. Werte von X für die Konsumverteilungen $A' = 0$ bis $A' = 20$ bei verschiedenen Einstellhöhen ($0,3 \cdot W$ — $0,4 \cdot W$ — $0,5 \cdot W$ — $0,6 \cdot W$ — $0,7 \cdot W$). Bei einer Verteilung der Gebühr zu 1/4 auf die Einstellhöhe und 3/4 auf den nach der Formel $X = Y/Bst$ berechneten Wert X. Ordinate: X. Abszisse: Konsumverteilung.

Es sind die einzelnen Ordinaten der Kurven in Fig. 9 auf $^3/_4$ ihrer Länge reduziert, die ganzen Kurven dafür aber nach

---

Damit berechnet sich X aus $X = Y/Bst$ mit

$$X = \frac{100 \cdot W}{\frac{200}{a} - \frac{330}{9 \cdot a^2} - \frac{16,5 \cdot A'}{9 \cdot a^2}} = \frac{100 \cdot W \cdot 9 \cdot a^2}{1800 \cdot a - 330 - 16,5 \cdot A'}.$$

Für $a = 0,3$ ergeben sich folgende Werte von X für die verschiedenen Werte von A':

$$X = \frac{100 \cdot W \cdot 9 \cdot 0,09}{540 - 330 - 16,5 \cdot A'} = \frac{81 \cdot W}{210 - 16,5 \cdot A'}.$$

$A' =$	0	2	4	6	8
$X =$	$\frac{81 \cdot W}{210}$	$\frac{81 \cdot W}{177}$	$\frac{81 \cdot W}{144}$	$\frac{81 \cdot W}{111}$	$\frac{81 \cdot W}{78}$
$X =$	$0,376 \cdot W$	$0,457 \cdot W$	$0,562 \cdot W$	$0,73 \cdot W$	$1,04 \cdot W$

oben verschoben und zwar die Kurve für die Einstellhöhe $0{,}3 \cdot W$ um $1/4 \cdot 0{,}3 \cdot W$, die für $0{,}4 \cdot W$ um $1/4 \cdot 0{,}4 \cdot W$ usw.[1]).

Für $a = 0{,}4$ ergeben sich folgende Werte von X:

$$X = \frac{100 \cdot W \cdot 9 \cdot 0{,}16}{720 - 330 - 16{,}5 \cdot A'} = \frac{144 \cdot W}{390 - 16{,}5 \cdot A'}.$$

$A' =$	0	4	8	12
$X =$	$\frac{144 \cdot W}{390}$	$\frac{144 \cdot W}{324}$	$\frac{144 \cdot W}{258}$	$\frac{144 \cdot W}{192}$
$X =$	$0{,}37 \cdot W$	$0{,}445 \cdot W$	$0{,}558 \cdot W$	$0{,}75 \cdot W$

Für $a = 0{,}5$ ergeben sich folgende Werte für X:

$$X = \frac{100 \cdot W \cdot 9 \cdot 0{,}25}{900 - 330 - 16{,}5 \cdot A'} = \frac{225 \cdot W}{570 - 16{,}5 \cdot A'}.$$

$A' =$	0	4	8	12	16	20
$X =$	$\frac{225 \cdot W}{570}$	$\frac{225 \cdot W}{504}$	$\frac{225 \cdot W}{438}$	$\frac{225 \cdot W}{372}$	$\frac{225 \cdot W}{306}$	$\frac{225 \cdot W}{240}$
$X =$	$0{,}395 \cdot W$	$0{,}447 \cdot W$	$0{,}514 \cdot W$	$0{,}605 \cdot W$	$0{,}736 \cdot W$	$0{,}93 \cdot W$

Für $a = 0{,}6$ ergeben sich folgende Werte für X:

$$X = \frac{100 \cdot W \cdot 9 \cdot 0{,}36}{1080 - 330 - 16{,}5 \cdot A'} = \frac{324 \cdot W}{750 - 16{,}5 \cdot A'}.$$

$A' =$	0	4	8	12	16	20
$X =$	$\frac{324 \cdot W}{750}$	$\frac{324 \cdot W}{684}$	$\frac{324 \cdot W}{618}$	$\frac{324 \cdot W}{552}$	$\frac{324 \cdot W}{486}$	$\frac{324 \cdot W}{420}$
$X =$	$0{,}433 \cdot W$	$0{,}474 \cdot W$	$0{,}525 \cdot W$	$0{,}588 \cdot W$	$0{,}667 \cdot W$	$0{,}773 \cdot W$

Für $a = 0{,}7$ ergeben sich folgende Werte für X:

$$X = \frac{100 \cdot W \cdot 9 \cdot 0{,}49}{1260 - 330 - 16{,}5 \cdot A'} = \frac{441 \cdot W}{930 - 16{,}5 \cdot A'}.$$

$A' =$	0	4	8	12	16	20
$X =$	$\frac{441 \cdot W}{930}$	$\frac{441 \cdot W}{864}$	$\frac{441 \cdot W}{798}$	$\frac{441 \cdot W}{732}$	$\frac{441 \cdot W}{668}$	$\frac{441 \cdot W}{600}$
$X =$	$0{,}474 \cdot W$	$0{,}51 \cdot W$	$0{,}554 \cdot W$	$0{,}603 \cdot W$	$0{,}662 \cdot W$	$0{,}735 \cdot W$

[1]) Unter Zugrundelegung von $X \cdot F = X' \cdot F' + X'' \cdot F''$ und $F' = 1/4 \cdot F$ und $F'' = 3/4 \cdot F$ ergeben sich folgende Werte für X, bei den verschiedenen Konsumverteilungen bzw. Werten von A' und den verschiedenen Einstellhöhen $0{,}3 - 0{,}4 - 0{,}5 - 0{,}6 - 0{,}7 \cdot W$

$$X = 1/4 \cdot X' + 3/4 \cdot X''.$$

Einstellhöhe $0{,}3 \cdot W$ $1/4 \cdot X' = 1/4 \cdot 0{,}3 \cdot W = 0{,}075 \cdot W$

A'	0	2	4
$3/4 \cdot X'' =$	$0{,}286 \cdot W$	$0{,}342 \cdot W$	$0{,}421 \cdot W$

(X'' s. Anm. 1, S. 45, sind die dortigen Werte X)

$X =$	$0{,}361 \cdot W$	$0{,}417 \cdot W$	$0{,}496 \cdot W$

Da die Neigung der Umhüllenden in der Fig. 10 ungefähr die gleiche ist, wie die der Tangente in Fig. 9, ergibt sich für diese Teilung eine gleiche Beurteilungsschärfe der einzelnen Konsumverteilungen, wie sie bei günstigster Wahl der Einstellhöhe herausgekommen wäre. Auch die absolute Höhe der einzelnen Werte $(X' \cdot F' + X'' \cdot F'')$ ist fast genau die gleiche. Damit wird man diese Verteilung für verwendbar ansehen können.

Nach den früher für den Benutzungsstundentarif angenommenen Zahlen (170 M. Gebühr für 1 kW, $i = 500$ *Bst*, $f = 0{,}34$ M./kWh, $L = 0{,}06$ M./kWh) ergibt sich für diesen Tarif:

„Für 1 kW Einstellhöhe werden erhoben 170/4 = 42,5 M./kW, $i \cdot f$ müssen tragen $3/4 \cdot 170$ M. $\cdot$ $f = 0{,}34$ M./kWh, $i = 375$ *Bst.*"

Die Fig. 10 gibt gleichzeitig Aufschluß darüber, inwiefern eine ungenaue Angabe für die Einstellhöhe den Abnehmer schädigt. Denn obgleich der Abnehmer selbst dafür verantwortlich ist, wenn er infolge unrichtiger Einstellhöhe geschädigt ist, so darf man doch nicht übersehen, daß eine Vorausschätzung des Jahresbedarfs sehr schwierig ist. Ergeben auch andere Tarife, die eine Vorausschätzung verlangen, z. B. der Spitzentarif, bei falscher Vorausschätzung große Unstimmigkeiten, so ist hier wiederum zu bedenken, daß die Daten des *Bst*-Zählers schwerer auf ihr Zustandekommen zu verfolgen sind, als die des Spitzenzählers.

Einstellhöhe $0{,}4 \cdot W$	$1/4 \cdot X' = 1/4 \cdot 0{,}4 \cdot W = 0{,}1 \cdot W$				
A'	0	4	8	12	14
$3/4 \cdot X'' =$	$0{,}377 \cdot W$	$0{,}333 \cdot W$	$0{,}417 \cdot W$	$0{,}561 \cdot W$	$0{,}678 \cdot W$
$X =$	$0{,}977 \cdot W$	$0{,}433 \cdot W$	$0{,}517 \cdot W$	$0{,}661 \cdot W$	$0{,}778 \cdot W$

Einstellhöhe $0{,}5 \cdot W$	$1/4 \cdot X' = 1/4 \cdot 0{,}5 \cdot W = 0{,}125 \cdot W$					
A'	0	4	8	12	16	20
$3/4 \cdot X'' =$	$0{,}296 \cdot W$	$0{,}335 \cdot W$	$0{,}380 \cdot W$	$0{,}453 \cdot W$	$0{,}55 \cdot W$	$0{,}7 \cdot W$
$X =$	$0{,}421 \cdot W$	$0{,}460 \cdot W$	$0{,}505 \cdot W$	$0{,}578 \cdot W$	$0{,}675 \cdot W$	$0{,}825 \cdot W$

Einstellhöhe $0{,}6 \cdot W$	$1/4 \cdot X' = 1/4 \cdot 0{,}6 \cdot W = 0{,}15 \cdot W$					
A'	0	4	8	12	16	20
$3/4 \cdot X'' =$	$0{,}327 \cdot W$	$0{,}355 \cdot W$	$0{,}394 \cdot W$	$0{,}44 \cdot W$	$0{,}500 \cdot W$	$0{,}58 \cdot W$
$X =$	$0{,}477 \cdot W$	$0{,}505 \cdot W$	$0{,}544 \cdot W$	$0{,}59 \cdot W$	$0{,}650 \cdot W$	$0{,}73 \cdot W$

Einstellhöhe $0{,}7 \cdot W$	$1/4 \cdot X' = 1/4 \cdot 0{,}7 \cdot W = 0{,}175 \cdot W$					
A'	0	4	8	12	16	20
$3/4 \cdot X'' =$	$0{,}366 \cdot W$	$0{,}382 \cdot W$	$0{,}415 \cdot W$	$0{,}453 \cdot W$	$0{,}495 \cdot W$	$0{,}548 \cdot W$
$X =$	$0{,}541 \cdot W$	$0{,}557 \cdot W$	$0{,}590 \cdot W$	$0{,}628 \cdot W$	$0{,}67 \cdot W$	$0{,}725 \cdot W$

Zieht man über der Umhüllenden der Fig. 10 eine um 5 % höher liegende Linie, so schneidet dieselbe die Einzelkurven bei den Werten für A', bei denen der Wert $(X' \cdot F' + X'' \cdot F'')$ infolge ungenauer Bestimmung von X' um 5 % über dem erreichbaren Mindestwerte liegt. Es kann danach bei Zulassung dieser Fehlerhöhe mit der Einstellhöhe $0{,}3 \cdot W$ die Konsumverteilung $A' = 0$ bis $A' = 1{,}7$ versorgt werden, mit der Einstellhöhe $0{,}4 \cdot W$ die Konsumverteilung $A' = 0{,}4$ bis $A' = 9{,}0$, mit der Einstellhöhe $0{,}5 \cdot W$ die Konsumverteilung $A' = 5{,}5$ bis $A' = 16{,}5$, mit der Einstellhöhe $0{,}6 \cdot W$ die Konsumverteilung $A' = 10{,}0$ bis $A' = 20{,}0$ und schließlich mit der Einstellhöhe $0{,}7 \cdot W$ die Konsumverteilung von $A' = 15{,}0$ an. Die Gebiete der Einstellhöhen überdecken sich also sehr stark. Ein Fehler in der Wahl der Einstellhöhe ist damit leicht zu vermeiden.

Dabei darf man nicht übersehen, daß diese Abweichung um 5 % nicht gleichbedeutend ist mit einer 5 %igen Verteuerung, denn sie trifft nur den einen Faktor der Jahreskosten, nämlich $F \cdot X$ und nicht $L \cdot Y$. Setzt man einen Verbraucher an, der an festen Kosten dasselbe zahlt wie an laufenden Kosten, so beträgt der ganze Fehler nur $2\frac{1}{2}$ %. Außerdem ist die Teilung in Stufen von $0{,}3 \cdot W$ auf $0{,}4 \cdot W$ usw. außerordentlich grob. Stellt man vollends zum Vergleiche die Ungenauigkeiten, die der *Bst*-Tarif mit Berechnung der *Bst* nach dem Anschlußwerte ergibt, so wird man die oben angegebenen Fehlermöglichkeiten für unwesentlich halten[1]).

Fig. 11 zeigt die Konsumverteilungen mit den eingetragenen Werten X gemäß $X \cdot F = 1/4 \cdot F' \cdot X' + 3/4 \cdot F'' \cdot X''$. (Die Werte entsprechen der Umhüllenden in Fig. 10 bzw. den Daten in Anm. 1, S. 47.)

Um die Schwierigkeit der Wahl der Einstellhöhe zu beleuchten, sind für die Konsumverteilung $A' = 20$ die durch un-

[1]) Das Elektrizitätswerk Charlottenburg setzt in seinen Stromlieferungsbedingungen § 10 C folgendes fest:

Jede Glühlampe, unabhängig von der Lichtstärke,	0,05 kW
„ Bogenlampe	0,4 „
„ Pferdestärke	0,8 „

genaue Wahl der Einstellhöhe im Resultate entstehenden Fehler bestimmt. Bei um 15,4% zu groß gewählter Einstellhöhe ergeben sich nur 2,16% Fehler im Werte X. Bei um 15,4% zu niedrig gewählter Einstellhöhe ist der Fehler größer; doch auch hier beträgt er noch keine 5%[1]). Vergleicht man damit die Unstimmigkeiten, die sich beim Spitzen- oder Relaiszählertarif ergeben, so wird man die Gefahr der Überteuerung infolge unrichtiger Wahl der Einstellhöhe außer Betracht lassen können.

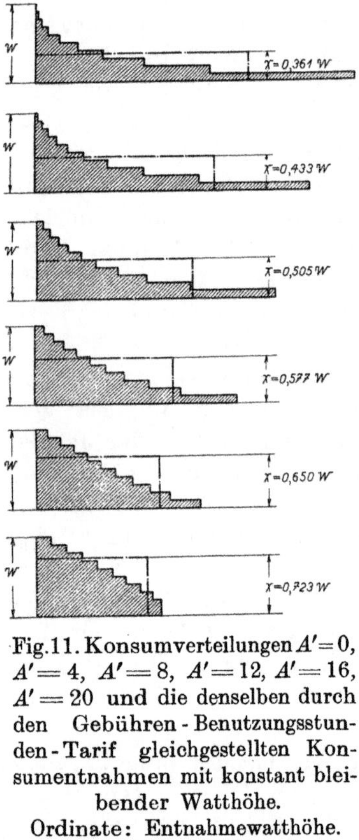

Fig. 11. Konsumverteilungen $A'=0$, $A'=4$, $A'=8$, $A'=12$, $A'=16$, $A'=20$ und die denselben durch den Gebühren-Benutzungsstunden-Tarif gleichgestellten Konsumentnahmen mit konstant bleibender Watthöhe.
Ordinate: Entnahmewatthöhe.
Abszisse: Zeitdauer.

Wählt ein Verbraucher mit der Konsumverteilung A' 20 beim Spitzentarif seine Grenzhöhe unrichtig, so ergeben sich kaum geringere Abweichungen als beim neuen Tarif. Es stellt sich für einen Jahresverbrauch von 500 Stunden mal Anschlußwert und die Preisfestsetzungen: 100 M. Gebühr für das kW und 40/15 Pf. für die kWh bei um 23% falsch gewählter Grenzhöhe ein Fehler von 1,56% für die Jahresrechnung heraus. Bei einer Jahres-

[1]) Der Abnehmer mit $A' = 20$ erhält für $100 \cdot W$ kWh

$$Bst = \frac{200}{a} - \frac{330}{9a^2} - \frac{330}{9a^2}$$

gezählt (s. Gl. 9).

Damit ergibt sich für ihn

$$X = 100 \cdot W \frac{1800\,a - 660}{9\,a^2} = \frac{900\,a^2 \cdot W}{1800\,a - 660}.$$

Hiervon $^3/_4$ genommen, ergibt den Wert X'' der Formel

$$X = 1/4\, X' + X''.$$

Bei einer Grenze von $0{,}75 \cdot W$ ergibt sich

$$X = \frac{0{,}75 \cdot W}{4} + \frac{900 \cdot 0{,}75^2 \cdot W}{1800 \cdot 0{,}75 - 660} \cdot \frac{3}{4} = 0{,}739 \cdot W.$$

entnahme von 1000 Stunden mal Anschlußwert ergeben sich bereits bei einem Wahlfehler von 12,5% Resultatfehler von 2,04%[1]).

Bei der Grenze von $0{,}65 \cdot W$ ergibt sich

$$X = \frac{0{,}65 \cdot W}{4} + \frac{900 \cdot 0{,}65^2 \cdot W}{1800 \cdot 0{,}65 - 660} \cdot \frac{3}{4} = 0{,}723 \cdot W.$$

Bei der Grenze von $0{,}55 \cdot W$ ergibt sich

$$X = \frac{0{,}55 \cdot W}{4} + \frac{900 \cdot 0{,}55^2 \cdot W}{1800 \cdot 0{,}55 - 660} \cdot \frac{3}{4} = 0{,}7575 \cdot W.$$

$0{,}75 \cdot W$ Grenze liegt um $\frac{0{,}75 \cdot W - 0{,}65 \cdot W}{0{,}65 \cdot W} = 15{,}4\,\%$ höher als $0{,}65 \cdot W$,

$0{,}55 \cdot W$ Grenze liegt um 15,4% niedriger als $0{,}65 \cdot W$,

0,739 ist um $\frac{0{,}739 - 0{,}723}{0{,}726} = 2{,}16\,\%$ höher als 0,726,

0,7575 ist um $\frac{0{,}7575 - 0{,}723}{0{,}726} = 4{,}7\,\%$ höher als 0,726.

[1]) Nach Anm. 1, S. 23, entfallen auf die Entnahmen mit 1 — 0,9 — 0,8 — 0,7 — 0,6 — 0,5 · W Stufenhöhe bei der Konsumverteilung $A' = 20$ die Prozentsätze 20 — 17,7 — 15,5 — 13,3 — 11,1 — 8,88%. Ein Spitzenzähler, der auf die Höhe $0{,}8 \cdot W$ eingestellt ist, zählt daher auf dem Spitzenzählwerk

$2/10 \cdot 20 + 1/9 \cdot 17{,}77 = 6\,\%$.

Bei Höhe 0,7 $3/10 \cdot 20 + 2/9 \cdot 17{,}77 + 1/8 \cdot 15{,}55 = 12\,\%$.

„ „ 0,6 $4/10 \cdot 20 + 3/9 \cdot 17{,}77 + 2/8 \cdot 15{,}55 + 1/7 \cdot 13{,}33 = 20\,\%$.

„ „ 0,5 $5/10 \cdot 20 + 4/9 \cdot 17{,}77 + 3/8 \cdot 15{,}55 + 2/7 \cdot 13{,}33 + 1/6 \cdot 11{,}11 = 30\,\%$.

„ „ 0,4 $6/10 \cdot 20 + 5/9 \cdot 17{,}77 + 4/8 \cdot 15{,}55 + 3/7 \cdot 13{,}33 + 2/6 \cdot 11{,}11 + 1/5 \cdot 8{,}88 = 43\,\%$.

Ein Relaiszähler zählt den ganzen Verbrauch bei einer Überschreitung, d. s. 20 — 37,7 — 53,3 — 66,6 — 77,7 — 86,5%, bei den Grenzhöhen 0,8 — 0,7 — 0,6 — 0,5 — 0,4 · W auf dem 2. Zählwerk.

Nimmt man als Strompreise 40/15 Pf. an und als Jahresgebühr für 1 kW 100 M., so stellen sich für den Abnehmer mit dem Anschlußwerte 1 kW die Jahreskosten bei einer Entnahme von Y kWh auf:

Spitzentarif:

Grenze 0,8 kW	$80 + Y \cdot 0{,}15 + Y \cdot 0{,}06 \cdot (0{,}40 - 0{,}15) = 80 + Y \cdot 0{,}165$
„ 0,7 „	$70 + Y \cdot 0{,}15 + Y \cdot 0{,}12 \cdot (0{,}40 - 0{,}15) = 70 + Y \cdot 0{,}18$
„ 0,6 „	$60 + Y \cdot 0{,}15 + Y \cdot 0{,}20 \cdot (0{,}40 - 0{,}15) = 60 + Y \cdot 0{,}20$
„ 0,5 „	$50 + Y \cdot 0{,}15 + Y \cdot 0{,}30 \cdot (0{,}40 - 0{,}15) = 50 + Y \cdot 0{,}225$
„ 0,4 „	$40 + Y \cdot 0{,}15 + Y \cdot 0{,}43 \cdot (0{,}40 - 0{,}15) = 40 + Y \cdot 0{,}258$

Relaistarif:

Grenze 0,8 kW	$80 + Y \cdot 0{,}15 + Y \cdot 0{,}377 \cdot (0{,}40 - 0{,}15) = 80 + Y \cdot 0{,}245$
„ 0,7 „	$70 + Y \cdot 0{,}15 + Y \cdot 0{,}533 \cdot (0{,}40 - 0{,}15) = 70 + Y \cdot 0{,}283$
„ 0,6 „	$60 + Y \cdot 0{,}15 + Y \cdot 0{,}666 \cdot (0{,}40 - 0{,}15) = 60 + Y \cdot 0{,}316$
„ 0,5 „	$50 + Y \cdot 0{,}15 + Y \cdot 0{,}777 \cdot (0{,}40 - 0{,}15) = 50 + Y \cdot 0{,}344$
„ 0,4 „	$40 + Y \cdot 0{,}15 + Y \cdot 0{,}865 \cdot (0{,}40 - 0{,}15) = 40 + Y \cdot 0{,}366$

Für die gleichen Verkaufspreisfestsetzungen beim Relaistarif sind bereits bei dem niedrigen Verbrauche 4,45 % Resultatfehler auf 12,5 % Wahlfehler und beim höheren Verbrauche 8,65 % Resultatfehler bei dem gleichen Wahlfehler.

Dabei darf nicht übersehen werden, daß die Fehler für X beim neuen Tarif nur den einen Faktor der Jahreskosten — die Gebührkosten — betreffen; bei einem Verbrauche, dessen Jahreskosten zu gleichen Teilen auf Gebühr $(X \cdot F)$ und Stromkosten $(Y \cdot L)$ fallen, zeigen sich die Fehler in der Jahresrechnung nur halb so hoch als oben angegeben.

Der Gebühren-Benutzungsstundentarif leistet mehr als der reine Benutzungsstundentarif. Er bedarf keiner zwangsweisen Festsetzung der Einstellhöhe bzw. einer Festlegung der Einstellhöhe in verschiedenen Höhen für verschiedene Konsumentengruppen. Er ergibt eine Vorauszahlung und erlaubt eine Ansetzung einer kleineren Benutzungsstundenzahl für den Punkt, an dem der Preis herabgeht, was den Reiz der Preisabstufung erhöht.

Bei einem Jahresverbrauche von $Y = 500$ kWh sind danach die Jahreskosten:

0,8	0,7	0,6	0,5	0,4	Grenzhöhe
162,5 —	160 —	160 —	162,5 —	169	M. beim Spitzentarif und
202,5 —	211,5 —	218 —	222 —	223	M. beim Relaistarif.

Angenommen, die günstigste Grenze liegt beim Spitzentarif genau in der Mitte zwischen den beiden die gleichen Jahreskosten (160 M.) ergebenden Grenzhöhen 0,7 und 0,6, also auf 0,65, so beträgt bei einer Grenzwahl von 0,8 der Fehler in der Wahl $(0{,}8 - 0{,}65) : 0{,}65 = 23\,\%$ und der Fehler im Resultat $(162{,}5 - 160) : 160 = 1{,}56\,\%$.

Bei einem Jahresverbrauche von 1000 Stunden mal Anschlußwert, also 1000 kWh, betragen die Kosten:

0,8	0,7	0,6	0,5	0,4	Grenzhöhe
245 —	250 —	260 —	275 —	298	M. beim Spitzentarif und
325 —	353 —	376 —	394 —	406	M. beim Relaistarif.

Die Wahl einer Grenzhöhe von 0,7 statt 0,8 ergibt danach beim Spitzentarif bereits $(245 - 250) : 245 = 2{,}04\,\%$ Fehler auf einen Grenzwahlfehler von $(0{,}8 - 0{,}7) : 0{,}8 = 12{,}5\,\%$.

Beim Relaistarif ist schon bei der Jahresentnahme von 500 kWh der Resultatfehler auf einen Wahlfehler von $(0{,}8 - 0{,}7) : 0{,}8 = 12{,}5\,\%$ $(221{,}5 - 202{,}5) : 202{,}5 = 4{,}45\,\%$. Bei dem höheren Jahresverbrauche von 1000 kWh beträgt derselbe bereits $(353 - 325) : 325 = 8{,}65\,\%$ auf die 12,5 %.

Bezüglich Anpassung der Kosten an die Unkosten des Werks leistet er das gleiche wie der Benutzungsstundentarif, wie auch Meß- und Verrechnungskosten in gleicher Höhe liegen.

III. Eine Bauart für einen Benutzungsstundenzähler zur neuen Meßmethode.

Der neue Benutzungsstundenzähler läßt sich in folgender Weise bauen. Durch ein Amperemeter wird das Übersetzungsverhältnis zwischen einem mit konstanter Geschwindigkeit umlaufenden Motor und dem Zählwerk mit der Höhe der Entnahmestromstärke so verändert, daß die Zählgeschwindigkeit der Fig. 1 entspricht. In dieser Art sind kWh-Zähler als Spitzenzähler gebaut worden[1]).

Wesentlich einfacher läßt sich der Benutzungsstundenzähler bauen, wenn man den kurvenartigen Verlauf der Geschwindigkeitsänderung nach der Höhe der Entnahmestromstärke durch eine geknickte Gerade ersetzt. Ein solcher Benutzungsstundenzähler läßt sich durch Vereinigung eines kWh-Zählers und eines Zeitzählers bauen.

Für die einfachste Bauart mit einer nur an zwei Punkten geknickten Geraden für den Geschwindigkeitsverlauf gibt das folgende die Grundlagen (Fig. 12).

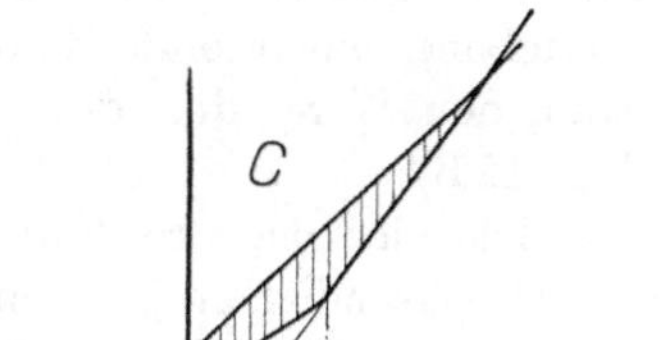

Fig. 12. Durch Kombination einer kWh-Zählergeschwindigkeit „k" mit einer Zeitzählergeschwindigkeit „t" erzielbare Geschwindigkeitsabstufung.
Ordinate: Geschwindigkeit.
Abszisse: Entnahmestromstärke.

In einem Planetengetriebe wird zu der konstant bleibenden, von

[1]) Wagmüller bespricht in ETZ. 1907, S. 782 derartige Konstruktionen der Schiersteiner Metallwerke, Berlin.

einem Zeitzähler ausgehenden Geschwindigkeit „t“ eine vom kWh-Zähler ausgehende, also mit der Stromstärke steigende Geschwindigkeit „k“ addiert. Man gewinnt so den Geschwindigkeitsverlauf „$(k+t)$“ (Fig. 12 A). (k, t und die übrigen in Fig. 12 eingetragenen Buchstaben stellen Geschwindigkeiten dar.)

Von dieser Geschwindigkeit „$(k+t)$“ wird in einem zweiten Planetengetriebe die Geschwindigkeit „l“ abgezogen. Der *Bst*-Zähler erhält die Restgeschwindigkeit „$(k+t-l)$“.

Die Geschwindigkeit „l“ wird in einem Getriebe erzeugt, das drei Klinkenräder besitzt, in die drei verschieden angetriebene, umlaufende Klinken eingreifen. „l“ hat demzufolge stets den Wert, der der schnellstlaufenden Klinke eigen ist (Fig. 12 B).

Die eine der drei Klinken läuft mit der konstant bleibenden Geschwindigkeit „t“ um. Sie ist vom Zeitzähler getrieben.

Die zweite der drei Klinken läuft mit der Geschwindigkeit „$\alpha(k+t)$“ um. Sie erhält ihren Antrieb von dem oben genannten, mit „$(k+t)$“ umlaufenden Planetenrade, wobei das Übersetzungsverhältnis α ist.

Die dritte der drei Klinken läuft mit der Geschwindigkeit „$\beta \cdot k$“ um. Sie erhält ihren Antrieb vom kWh-Zähler, wobei das Übersetzungsverhältnis zwischen dem oben genannten Rade, das mit „k“ umläuft, „β“ beträgt.

Da die Geschwindigkeit „l“ stets gleich dem Höchstwerte der Geschwindigkeiten „t“ — „$\alpha(k+t)$“ — „$\beta \cdot k$“ ist, folgt sie dem geknickten Verlauf der Linie in Fig. 12 B.

Zieht man diese Geschwindigkeiten l von der Geschwindigkeit „$(k+t)$“ ab, so bleibt als *Bst*-Zählergeschwindigkeit die durch senkrechte Schraffur in Fig. 12 C gekennzeichnete Restgeschwindigkeit „$(k+t-l)$“ übrig. Um den Verlauf deutlicher zu machen, ist das Zustandekommen dieser Restgeschwindigkeit in Fig. 12 C oben nochmals aufgetragen worden.

Eine schematische Darstellung eines solchen Triebwerkes gibt Fig. 13. Der Zeitzähler treibt die Schnecke Z, von ihr aus erhält das Rad I die Geschwindigkeit „t“ und die Klinke II die Geschwindigkeit „t“. Der kWh-Zähler treibt die Schnecke W. Von ihr aus erhält die Klinke III die Geschwindigkeit „$\beta \cdot k$“ und das Rad IV die Geschwindigkeit „k“. Das Rad V läuft dann mit „$(k+t)$" und das von ihm angetriebene Rad *VI* mit „$\alpha(k+t)$". Im Planetengetriebe *VII*—*V*—*VIII* wird von der Geschwindigkeit *V*, also von „$k+t$", die Geschwindigkeit von *VII* abgezogen. *VII* steht mit der Welle der drei Klinkenräder in Verbindung und läuft mit der Geschwindigkeit „l_t" — „$l_{\alpha(k+t)}$" — „$l_{\beta \cdot k}$". Die Geschwindigkeit von *VIII*, d. h. die Zählwerksgeschwindigkeit, ist dann „$k+t-l$".

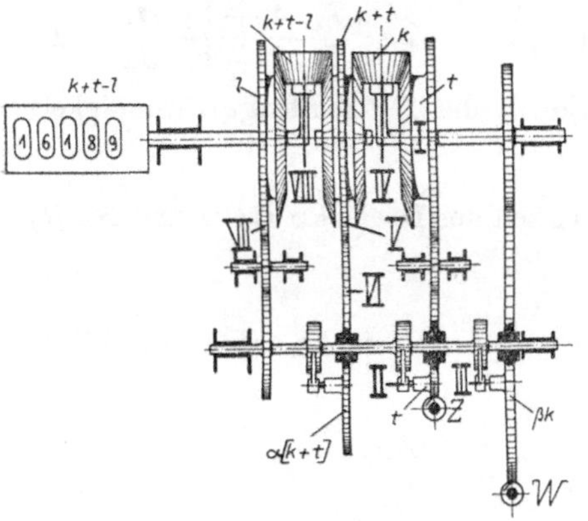

Fig. 13. Schematische Darstellung eines Benutzungsstundenzählergetriebes zur Erzielung einer *Bst*-Zählergeschwindigkeit nach Fig. 12.

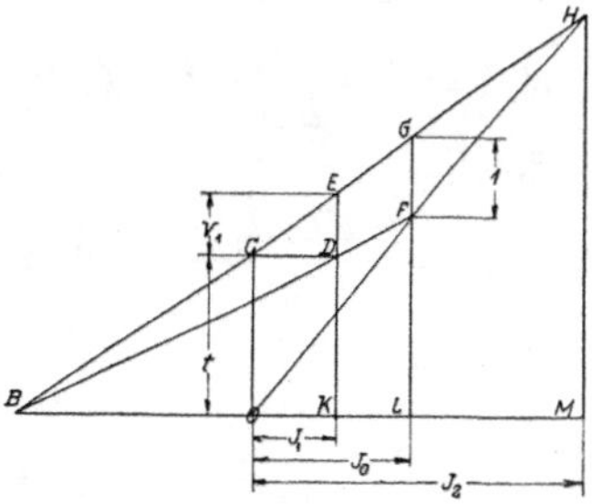

Fig. 14. Abhängigkeit der Stromstärken J_1 — J_0 — J_2 untereinander und von der Größe V_1.

Bei dieser Bauart ergeben sich für den Verlauf der *Bst*-Zählergeschwindigkeit folgende Bedingungsgleichungen (Fig. 14).

Aus der Ähnlichkeit der Dreiecke BOC und CDE folgt: $BO:OC = CD:DE$. Nennt man die Länge CO gemäß der Fig. 12 „t" und die Länge CD „J_1", so folgt:

$$BO:t = J_1:DE.$$

DE, die *Bst*-Zählergeschwindigkeit bei der Stromstärke J_1, mit V_1 bezeichnet, folgt:

$$BO = \frac{J_1 \cdot t}{V_1}.$$

Die Ähnlichkeit der Dreiecke BED und BGF ergibt: $BE:BG = ED:GF$. Da

$$BE:BG = BK:BL = (BO+J_1):(BO+J_0)$$

ist, folgt

$$ED:GF = (BO+J_1):(BO+J_0).$$

Da bei J_0 der *Bst*-Zähler seine Höchstgeschwindigkeit, also die Geschwindigkeit l, erreichen muß, ist $GF = l$ zu setzen. $ED = V_1$ eingesetzt, folgt:

$$V_1 : l = (BO + J_1) : (BO + J_0).$$

Unter Einsetzen des oben für OB bestimmten Wertes $\frac{J_1 \cdot t}{V_1}$

$$V_1 : l = \left(\frac{J_1 \cdot t}{V_1} + J_1\right) : \left(\frac{J_1 \cdot t}{V_1} + J_0\right) \qquad V_1 = \frac{J_1 \cdot t + V_1 \cdot J_1}{J_1 \cdot t + V_1 \cdot J_0} \,. \quad 17$$

Soll bei der Stromstärke J_2 die *Bst*-Zählergeschwindigkeit Null sein, so muß

$$MH = \frac{t \cdot (BO + J_2)}{BO}$$ (Ähnlichkeit der Dreiecke BCO und BMH)

gleich

$$MH = \frac{FL \cdot J_2}{J_0}$$ (Ähnlichkeit der Dreiecke OLF und OMH)

sein.

$$\frac{t \cdot (BO + J_2)}{BO} = \frac{FL \cdot J_2}{J_0}.$$

Durch Einsetzen von

$$FL = \frac{t \cdot (BO + J_0)}{BO + J_1}$$ (Ähnlichkeit der Dreiecke BDK und BFL)

$$\frac{t \cdot (BO + J_2)}{BO} = \frac{t \cdot (BO + J_0) \cdot J_2}{(BO + J_1) \cdot J_0}.$$

$$\frac{\frac{J_1 \cdot t}{V_1} + J_2}{\frac{J_1 \cdot t}{V_1}} =$$

$$= \frac{\left(\frac{J_1 \cdot t}{V_1} + J_0\right) \cdot J_2}{\left(\frac{J_1 \cdot t}{V_1} + J_1\right) \cdot J_0} \qquad \frac{J_1 \cdot t + J_2 \cdot V_1}{J_1 \cdot t} = \frac{(J_1 \cdot t + J_0 V_1) J_2}{(J_1 \cdot t + J_1 V_1) J_0} \quad 18$$

Dividiert man die Zähler und Nenner dieser Gleichung links durch J_1 und rechts durch J_1^2 und nennt man (J_0/J_1) α und (J_2/J_1) β, so folgt:

$$\frac{t + \beta \cdot V_1}{t} = \frac{(t + \alpha \cdot V_1)\beta}{(t + V_1) \cdot \alpha}$$ (α und β konstante Zahlen $\alpha > 1$; $\beta > \alpha$).

Setzt man den Wert α für (J_0/J_1) in die Gleichung $V_1 = \frac{J_1 \cdot t + V_1 \cdot J_1}{J_1 \cdot t + V_1 \cdot J_0} = \frac{t + V_1}{t + V_1 \cdot J_0/J_1}$ ein, so geht sie über in $V_1 = \frac{t + V_1}{t + \alpha \cdot V_1}$. Es wird damit t von der absoluten Höhe von J_1 und J_0 unabhängig. Das bedeutet, daß eine Veränderung der Einstellhöhe keine Verstellung des Zeitzählerantriebes erforderlich macht.

Soll die Einstellhöhe z. B. verdoppelt werden, so wird das Übersetzungsverhältnis zwischen Schnecke *W* und Rad *IV* bzw. Klinke *III* auf die Hälfte herabgesetzt. Es erreicht nun der *Bst*-Zähler die Knickpunkte bei den doppelt hohen Stromstärken.

Durch Vereinigung der Gleichungen 17 und 18 unter Ausschließung des Wertes t läßt sich eine Bestimmungsgleichung für α, β und V_1 bilden.

Wählt man $V_1 = 0{,}8$ und setzt $\alpha = 2{,}0$ an, so wird t $\left(\text{bestimmt aus } 0{,}8 = \frac{t + 0{,}8}{t + 2 \cdot 0{,}8}\right) = 2{,}4$. Damit stellt sich β nach der Formel

$$\frac{t + \beta \cdot V_1}{t} = \frac{(t + \alpha \cdot V_1)\beta}{(t + V_1)\alpha} \qquad \frac{2{,}4 + \beta \cdot 0{,}8}{2{,}4}$$

$$= \frac{(2{,}4 + 2 \cdot 0{,}8)\beta}{(2{,}4 + 0{,}8) \cdot 2} \qquad \beta = 3{,}4.$$

Fig. 15 gibt in der dünnen strichpunktierten Kurve die Kurve der Fig. 1 und in dem dünn gestrichelten Linienzug

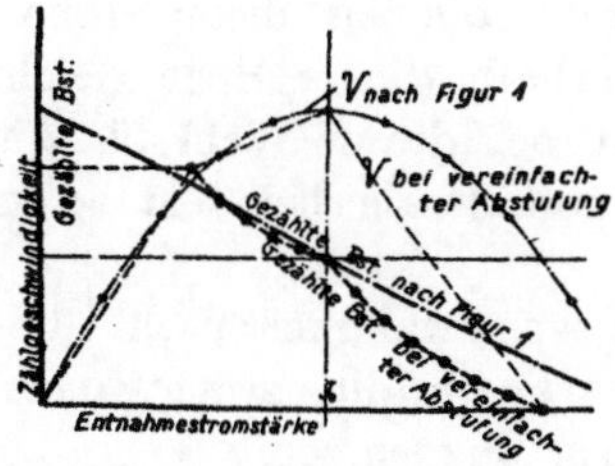

Fig. 15. Verlauf der Zählgeschwindigkeit für einen nach Fig. 13 gebauten Benutzungsstundenzähler bei $V_1 = 0{,}8$ und $J_0 : J_1 = 1 : 0{,}5$. Verlauf der für einen konstanten Konsum, der mit verschiedenen Entnahmestromstärken entnommen wird, sich ergebenden Benutzungsstundenzahlen.
Ordinate: Zählgeschwindigkeit. — Gezählte *Bst.*
Abszisse: Entnahmestromstärke.

den Verlauf der Geschwindigkeit bei dieser Wahl für α, β und V_1. Die stark ausgezogene strichpunktierte Linie gibt die für den Verbrauch von $1 \cdot X'$ kWh mit verschieden hohen Entnahmestromstärken sich ergebenden *Bst* (Einstellhöhe X' kW) bei Verlauf der Geschwindigkeit nach der Kurve, und die stark ausgezogene gestrichelte Linie gibt das gleiche für den Verlauf der Geschwindigkeit nach der geknickten Linie.

Bei dieser Wahl für α und J_1 bzw. β ist die Schärfe der Beurteilung insofern abweichend von der für die Arbeit gemäß Fig. 1 angenommenen, als einmal das Heruntergehen unter 0,5 der Einstellhöhe keine weitere Änderung in der *Bst*-Zählung ergibt. Ob der Abnehmer, der auf 10 Lampen seine Einstellhöhe angesetzt hat, seinen Verbrauch durch gleichzeitiges Brennen von 5 oder 4 Lampen gedeckt hat, kommt nicht zur Geltung. Das vereinfacht sehr die Erklärung der Meßmethode an Zahlenbeispielen. Freilich bedeutet es eine Durchbrechung des Prinzips, daß mit kleinerer Entnahmestromstärke dem Abnehmer höhere *Bst*-Zahlen für den gleichen Verbrauch gezählt werden sollen. Insofern ist jedoch die Durchbrechung dieses Prinzips für den unter 0,5 der Einstellhöhe liegenden Verbrauch von großem Werte, als damit die Gefahr einer weitgehenden Einschränkung des Stromverbrauches überhaupt — nicht nur eine Beschränkung in der Höhe der Entnahmestromstärke — beschworen wird. Dem Abnehmer, welcher weiß, daß erst bei Überschreiten der 0,5 der Einstellhöhe die schlechtere Zählung an *Bst* einsetzt, wird ruhig bis zu dieser Größe einschalten, sich auch Kochgeräte bis zu dieser Höhe installieren lassen bzw. dieselben innerhalb dieser Höhe gleichzeitig benutzen.

Ferner werden bei dieser Wahl für t und V_1 die Spitzen erheblich schärfer gefaßt als bei dem alten Geschwindigkeitsverlaufe.

Daß die Zählgeschwindigkeit nach Überschreiten der Einstellhöhe sofort stark abfällt, zwingt dazu, die Einstellhöhe keinesfalls zu niedrig anzusetzen.

Lebenslauf.

Im Jahre 1875 zu Königsberg i. Pr. als Sohn des Kaufmanns Richard Laudien und seiner Frau Marie geb. Feydt geboren, besuchte ich daselbst das Altstädtische Gymnasium. Ostern 1895 bestand ich an ihm das Abiturientenexamen. Nach halbjähriger praktischer Arbeit in der Königlichen Eisenbahnhauptwerkstätte meiner Vaterstadt — später, in den Studienferien, habe ich die praktische Ausbildung vollendet — ging ich auf die Technische Hochschule zu Charlottenburg, um Maschinenbau zu studieren. Im Sommer 1899 bestand ich die Diplomprüfung.

Herbst 1899 trat ich als Ingenieur bei der Wilhelmshütte Akt-Ges. Eulau-Wilhelmshütte bei Sprottau ein. Herbst 1900 ging ich zur Bernburger Maschinenfabrik Akt.-Ges. Bernburg. Juni 1901 wurde ich Ingenieur der Siemens & Halske Akt.-Ges. Wien. In ihrem Dienste arbeitete ich zunächst in dem technischen Bureau Mähr.-Ostrau und dann im Licht- und Kraftbureau Wien.

April 1903 trat ich in den preußischen Staatsdienst als Lehrer einer Königlichen Maschinenbauschule ein. Demselben gehöre ich heute noch als Oberlehrer der Königlichen Höheren Maschinenbauschule Breslau an.

Neben mehreren Aufsätzen über Fördermaschinen erschien im Jahre 1905 von mir ein Lehrbuch der Maschinenelemente, 1907 eine Elektrotechnik, 1912 ein Buch über Stromtarife. Alle diese Bücher sind bei Dr. Max Jaenecke, Leipzig verlegt. Dem Studium der letztgenannten Materie habe ich die freie Zeit meiner letzten Jahre gewidmet. Aus ihm entstand die vorliegende Dissertation.

Die Arbeit ist das Resultat mehrfacher Umarbeitungen, die dank dem unermüdlichen Interesse der Herren Professoren Hilpert und Euler und ihrer auf Präzisierung der Kernfragen und klare Herausarbeitung eines greifbaren Ergebnisses gerichteten dauernden Förderung die vorliegende Form annahm.

Der Verfasser spricht den Herren Professoren Hilpert und Euler dafür seinen Dank aus.

GPSR Compliance

The European Union's (EU) General Product Safety Regulation (GPSR) is a set of rules that requires consumer products to be safe and our obligations to ensure this.

If you have any concerns about our products, you can contact us on ProductSafety@springernature.com

In case Publisher is established outside the EU, the EU authorized representative is:

Springer Nature Customer Service Center GmbH
Europaplatz 3
69115 Heidelberg, Germany

Batch number: 10844623

Printed by Printforce, the Netherlands